Kafa English Amharic Dictionary

with

English-Kafa Index

Amharic-Kafa Index

Daniel Aberra

Kafa English Amharic Dictionary

with

English-Kafa Index

Amharic-Kafa Index

Daniel Aberra

Copyright © 2019 / 2012 ዓ.ም. Daniel Aberra

Kafa English Amharic Dictionary

With

English Kafa Index

Amharic Kafa Index

Daniel Aberra ዳንኤል አበራ

Copyright © 2019/ 2012 ዓ.ም. Daniel Aberra

All rights reserved. No part of the book protected by this copyright notice may be reproduced or utilized in any form or by any means, electronic or mechanical, including photocopying, recording or by any information storage and retrieval system, without prior written consent from the copyright owner.

The front and back pictures are by the courtesy of NABU, and NABU a biosphere reserve project owns the copyright.

Introduction

This trilingual dictionary is of English and the two languages of Ethiopia, Kafa and Amharic. While Amharic is spoken all over the region, Kafa is mainly spoken in South-west Ethiopia. South-west Ethiopia which includes Kafa, the homeland of Coffee is a biosphere of wide variety of fauna and flora. The place is now accessible for travellers and tourists. This dictionary is a handy tool for all. Kafa which is also known as Kafi noonoo [mouth of Kafa] has several dialects spoken in its ten districts. Where ever the entry is different for these varieties the varieties are mentioned in braces such as Gesha and Chenna.

The main part of the trilingual dictionary includes 2950 words, each of which has five parts described as follows:

1. The Kafa word, phrase, or clause in bold type,
2. Its pronunciation in phonetic writing,
3. Then, its grammatical status such word class, phrase, or clause label. Check the full form of the grammatical class in the abbreviation section. For people who are not familiar with a guttural sound Kafa has /ʔ/, it is distinct but pronounced like vowel sounds surrounding it. In a sequence like [eʔa] it has that guttural quality than the glide y.

4. The English equivalent, and
5. The Amharic equivalent.

After the section of the main entries of Kafa, the two indices have been included for ease of reference and for a quick reference. These indices are English-Kafa index which is followed by Amharic-Kafa index. These indices are numbered separately.

Apart from linguistic studies and theses, the main source of the dictionary is my field notes. I have been helped by various people over the years of preparing this dictionary. I express my heartfelt gratitude to you all. The disclaimer- all errors and mistakes are mine alone.

The book is aimed to serve mainly travellers, linguists, and students of Kafa. If I may for travellers after your visit of the area you may donate a copy of your book to local schools and libraries.

In your reading of the book, if you come across any errors and mistakes, please send me your comments at <danlinet@yahoo.com>. Your comments will be duly acknowledged and they will be incorporated in the follow up editions.

Daniel Aberra
2019

Contents

Introduction

Abbreviations

Kafa - English - Amharic entry

English - Kafa entry

Amharic - Kafa entry

Abbreviations

addr.	= address
adj.	= adjective
adv.	= adverb
clause	= clause
conj.	= conjunction
locat.	= locative
n.	= noun
n.v.	= noun or verb
n.f	= noun feminine
n.m	= noun masculine
n.pl.	= noun plural
num.	= number
part	= particle
phrase	= phrase
post.	= postposition
pron.	= pronoun
pron.addr.	= pronoun to address
pron.f	= pronoun feminine
pron.m	= pronoun masculine
pron.pl	= pronoun plural
pron.pol	= pronoun polite
pron.sg	= pronoun singular
pron.sg.f.	= pronoun singular feminine
pron.sg.m.	= pronoun singular masculine
v.	= verb

ʔ is a guttural sound like /a/

Kafinoonoo-English-ዐማርኛ Dictionary

A a

aabboo /ààbbòó/ (num.) forty ዐርባ
aabe kayo /aabe kayo/ (v.) break, snap to መበጠስ
aabi gimo /aabi gimo/ (n.) the sun sets (place) ምዕራብ፣ የፀሐይ መጥለቅያ ቦታ
aabi keyo /aabi keyo/ (n.) the sun rises (place) ምሥራቅ፣ ፀሐይ የወጣችበት ቦታ
aabi qachcho /aabi k'ačěo/ (adj.) black, small ጥቁር፣ ትንሽ
aabic /aabič/ (pron.) where የት
aabo /aabo/ (n.) duration, time ቆይታ፣ ጊዜ
aabo /aabo/ (n.) father-in-law አማች
aabo /aabo/ (n.) sun ፀሐይ
aaccino /aaččino/ (num.) fiftieth ኃምሳኛ
aaccino /aaččino/ (num.) fiftieth አምስተኛ
aacco /aaččo/ (n.) gold ወርቅ
aacco /aaččo/ (n.) liquid ፈሳሽ
aacha ukko /aača ukko/ (n.) blacksmith አንጥረኛ
aachchoo /ààččòó/ (num.) fifty ኃምሳ
aachi qeto /aači k'eto/ (n.) upstream የላይኛው (ወንዝ)
aacho /aačo/ (n.) river, stream ወንዝ፣ ሽረት
aacho /aačo/ (n.) water ውሃ
aaci gagemo /aači gagemo/ (n.) bank of a river የወንዝ ዳርቻ
aaciyo /aačiyo/ (n.) child of a sister የእኅት ልጅ
aaco /aačo/ (num.) fifty ኃምሳ
aaco /aačo/ (v.) hide ደብቅ

Kafinoonoo-English-ዐማርኛ Dictionary

aaco opo /aačo opo/ (n.) well (water) ጉድጓድ (ውሃ)
aaddo /aaddo/ (n.) hunter አዳኝ
aaf /aaf/ (n.) front ፊት
aafficho /aaffičo/ (n.) formerly ቀደም ሲል
aafio /aafio/ (v.) illuminate ብርሃን
aafo /aafo/ (n.) fruit ፍሬ
aaho /aaho/ (n.) gap in fence etc. ክፍተት
aajjo /aajjo/ (n.) govern መስተዳድር
aakkaashoo /aakkaašoo/ (n.) ant ጉንዳን
aakkashe qello /aakkaše kʼello/ (adj.) red ቀይ
aako /aako/ (n.) partridge ጅግራ
aako /aako/ (n.) vulture ጥንብ አንሣ
aallo /aallo/ (v.) engender ፈጠረ
aallo /aallo/ (v.) It does not present አይገኝም
aameshoo /aamešoo/ (n.) Thursday ኀሙስ
aamoyic /aamoyič/ (pron.) why ለምን
aaqete /aakʼete/ (n.) be cold ቀዘቀዘ
aara shiriittino /aara širiittino/ (num.) sixteenth ዐሥራ ስድስተኛ
aara shiriitto /aara širiitto/ (num.) sixteen ዐሥራ ስድስት
aaraa awuddò /ààràá áwùddò/ (num.) fourteen ዐሥራ አራት
aaraa guttoo /ààràá gùttòó/ (num.) twelve ዐሥራ ሁለት
aaraa ikko /aaraa ikko/ (num.) eleven ዐሥራ አንድ
aaraa keemo /ààràá kèèmó/ (num.) thirteen ዐሥራ ሦስት
aaraa shabaattoo /ààràá šábààttòó/ (num.) seventeen ዐሥራ ሰባት

Kafinoonoo-English-ዐማርኛ Dictionary

aaraa shimittoo /ààràá šímìttòó/ (num.) eighteen ዐሥራ ስምንት

aaraa shirittoo /ààràá šírìttòó/ (num.) sixteen ዐሥራ ስድስት

aaraa yiixiyoo /ààràá yììt'iyòó/ (num.) nineteen ዐሥራ ዘጠኝ

aaraa ʔikko /ààràá ʔíkkò/ (num.) eleven ዐሥራ አንድ

aaraa ʔuuchchoo /ààràá ʔùùččòó/ (num.) fifteen ዐሥራ አምስት

aariciyoo /aaričiyoo/ (v.) introduce ማስተዋወቅ

aarifo /aarifo/ (n.) razor blade ምላጭ፣ መቆንጠጫ

aariqyeo /aarik'yeo/ (n.) consider አሰበው፣ አሰላሰለው

aaroc aalo /aaroč aalo/ (clause) there is not እዚያ የለም

aaroc bete /aaroč bete/ (clause) there is እዚያ አለ

aashiroo /ààšìròó/ (num.) ten ዐሥር

aasho /aašo/ (v.) disappear, to መጥፋት

aasho /aašo/ (v.) hide ደብቅ

aatalo /aatalo/ (v.) food to a guest ምግብ ለእንግዳ

aato /aato/ (pron.) when መቼ

aawiyo /aawiyo/ (n.) fat around the intestine ስብ-የሆድ ዕቃ

aawuuddoo /áwùddò/ (num.) four አራት

aawwijite /aawwijite/ (adj.) fat, be ወፍራም

aaxite /aat'ite/ (n.) alight, land ድንበር፣ መሬት

aaxo /aat'o/ (adj.) expensive በጣም ውድ

abaxo /abat'o/ (n.) grass hopper only in Gesha and Chena ፌንጣ (ጌሻ እና ጬና ብቻ)

abexo /abet'o/ (n.) grasshopper ፌንጣ

abi gimoo /abi gimoo/ (n.) west ምዕራብ

Kafinoonoo-English-አማርኛ Dictionary

abiicci /*abiičči*/ (pron.) how እንዴት
aboceaboc /*abočeaboč*/ (adv) from day to day በየዕለቱ
abukaato /*abukaato*/ (n.) lawyer ጠበቃ
acc bishiihe /*ačč bišiihe*/ (v.) administer, entertain ማስተዳደር፣ ማዝናናት
acce bisho /*ačče bišo*/ (v.) walk መራመድ
acce michcho /*ačče miččo*/ (v.) jealous, be, hate ቅናትን፣ መጥላት
accecho /*aččečo*/ (n.) wise ብልጥ
acci ayo /*ačči ayo*/ (n.) crocodile አዞ
acci gaagemo /*ačči gaagemo*/ (n.) shore የባሕር ዳርቻ
acci gabbo /*ačči gabbo*/ (n.) dam ግድብ
acci haano /*ačči haano*/ (n.) water fall ፏፏቴ
acciye macco /*ačččiye maččo*/ (n.) wash cloth መታጠቢያ ጨርቅ
acco baburo /*aččo baburo*/ (n.) hydromel ውኅ-ወፍሬ
achimo /*ačimo*/ (n.) tear እንባ
achiyoo /*ačiyoo*/ (n.) niece, nephew የእኅት ልጅ
achona gicce showo /*ačona gičče šowo*/ (n.) island ደሴት
aci geeco /*ači geečo*/ (v.) draw water ውሃ ቅዳ
adammo /*adammo*/ (n.) Thursday ኀሙስ
addero /*addero*/ (n.) soldier ወታደር
adduno /*adduno*/ (n.) wealth ሀብት፣ አዱኛ
af /*af*/ (locat.) before በፊት
af /*af*/ (locat.) in front of ከፊት ለፊት
af kiico /*af kiičo*/ (adj.) bold ደማቅ
afo /*afo*/ (n.) eye ዐይን

Kafinoonoo-English-ዐማርኛ Dictionary

agarrashe /*agarraše*/ (v.) circumcise ግርዛት
agarrashe /*agarraše*/ (v.) recording on a tape በቴፕ መቅዳት
agene /*agene*/ (n.) moon ጨረቃ
ageno /*ageno*/ (n.) month ወር
ajjo /*ajjo*/ (n.) potato ድንች
akkasho /*akkašo*/ (n.) lion አንበሳ
akkero /*akkero*/ (n.) Wednesday እሮብ
akkilletoo /*akkilletoo*/ (n.) to be on the cross on last Thursday ስቅለት
allaamo /*allaamo*/ (n.) magician ጠንቋይ
allaamo /*allaamo*/ (n.) spirit mediators, shamans አማልክት
alliyo /*alliyo*/ (v.) demolish ማጥፋት
alliyo /*alliyo*/ (v.) vanquished, be አሸናፊ፣ መሆን
allo /*allo*/ (v.) be possible ሊሆን የሚችል
allo /*allo*/ (v.) destroy, be አጥፋ
allo /*allo*/ (v.) off ጠፍቷል
amaate /*amaate*/ (n.) mother-in-law የባለቤት እናት
amate /*amate*/ (n.) father-in-law አማች
ambamboo /*ambamboo*/ (n.) flood ጎርፍ
ambukke kexo /*ambukke ket'o*/ (n.) termite hill ኩይሳ
ambukko /*ambukko*/ (n.) termite ምስጥ
amiiyo /*amiiyo*/ (n.) rain ዝናብ
ammbico /*ammbičo*/ (pron.) how much ስንት
ammo /*ammo*/ (pron.) what ምንድን
ammoce /*ammoče*/ (pron.) where from ከየት
ammona /*ammona*/ (pron.) none ምንም

Kafinoonoo-English-አማርኛ Dictionary

ammowan /ammowan/ (pron.) where to ወዴት
amtena abona /amtena abona/ (n.) parents-in-law አማቾች
amye choto /amye čoto/ (n.) rainfalls ዝናብ
anaami bushoo /anaami bušoo/ (n.) male child ወንድ ልጅ
anaamo /anaamo/ (n.) male ወንድ
anaamo /anaamo/ (n.) male (for human only) ወንድ (ለሰው)
and /and/ (conj) now አሁን
and /and/ (adv) present tense የአሁን ጊዜ
andire moyo /andire moyo/ (n.) new thing አዲስ ነገር
andiro /andiro/ (n.) new አዲስ
ange goyo /ange goyo/ (n.) with a pair of oxen ከጥንድ በሬዎች ጋራ
angeco /angečo/ (adj.) thick ወፍራም
angeshitino /angešitino/ (n.) highland, be ደጋ
angesho /angešo/ (n.) cold ቅዝቃዜ
angesho /angešo/ (n.) high lands ደጋ
angesho /angešo/ (n.) highland ደጋ
angixo /angit'o/ (n.) thorn እሾህ
ango /ango/ (n.) thick, fat ወፍራም ሰብ
apo /apo/ (n.) razor blade ምላጭ፣ መቆንጠጫ
aqehe aqqone /ak'ehe ak'k'one/ (n.) cold, be ቀዝቃዛ
aqqe achcho /ak'k'e ačřo/ (n.) cold water ቀዝቃዛ ውሃ
aqqe taho /ak'k'e taho/ (n.) woolen ሱፍ
aqqoo /ak'k'oo/ (n.) cold ቅዝቃዜ
araa ikko /araa ikko/ (num.) eleven ዐሥራ አንድ

Kafinoonoo-English-ዐማርኛ Dictionary

araa uuco /*araa uučo*/ (num.) fifteen ዐሥራ አምስት
araashbaatino /*araašbaatino*/ (num.) seventeenth ዐሥራ ሰባተኛ
ardee beko /*ardee beko*/ (n.) daylight የቀን ብርሃን
aredete /*aredete*/ (v.) late ረፍዷል
aree /*aree*/ (pron.) she አሷ
areeno /*areeno*/ (pron pol) he እሳቸው
aremoo /*aremoo*/ (n.) vulture (lummer geyer) ቅልጥም ሰባሪ
arichiyoo /*aričiyoo*/ (v.) to notify ማሳወቅ
ariicco /*ariičo*/ (v.) known to be እንደሆነ ይታወቃል
ariyo /*ariyo*/ (v.) know ማወቅ
ariyo /*ariyo*/ (n.) knowledge እውቀት
aroo /*aroo*/ (pron.) he አሱ
aroo wan /*aroo wan*/ (locat.) towards ወደ
ashira /*ašira*/ (num.) ten ዐሥር
ashirino /*аširino*/ (num.) tenth ዐሥረኛ
ashitino /*ašitino*/ (n.) body አካል
asho /*ašo*/ (n.) fish ዓሣ
asho /*ašo*/ (addr.) man ሰው
asho /*ašo*/ (n.) man, male ወንድ
asho /*ašo*/ (n.) person ግለሰብ
ashoco /*ašočo*/ (addr.) man አዬ ሰው
ashoni worrite /*ašoni worrite*/ (v.) create break-up, in-fighting መበጥበጥ፣ ማጣላት
ate acco /*ate аččo*/ (n.) puple of eye ብሌን
atere mocco /*atere močo*/ (n.) pea –green እሸት አተር
atete /*atete*/ (v.) lighten የነደደ

Kafinoonoo-English-ዐማርኛ Dictionary

ati budino /*ati budino*/ (n.) mashed peas የአተር ዱቄት፣ ሽሮ

attenaʔo /*attenaʔo*/ (n.) medicament መድሃኒት

atteroo /*atteroo*/ (n.) commemoration of St. Mary አስተርዮ ማርያም

atto /*atto*/ (n.) poison መርዝ

awriyoo /*awriyoo*/ (n.) pebble game, mancala ገበጣ

awudde humo /*áwùddé hùmó*/ (num.) four thousand አራት ሺህ

awuddo /*awuddo*/ (num.) four አራት

awuro /*awuro*/ (n.) a spear ጦር

awuro /*awuro*/ (v.) throw መጣል

axamito /*at'amito*/ (n.) ring ደወል

axxaa mitto /*at't'aa mitto*/ (n.) finger ring የጣት ቀለበት

ayeree ninno /*ayeree ninno*/ (n.) weather የአየር ሁኔታ

ayno /*ayno*/ (v.) sad, be አዝናኝ

B b

baʔiiyo /*baʔiiyo*/ (n.) raw honey እጭ ማር

baʔo /*baʔo*/ (v.) carry on the back በጀርባ ማዘል፣ መሸከም

baacho /*baačo*/ (v.) mix for liquid ቅልቅል

baacho /*baačo*/ (v.) stir ማማሰል

baaddo /*baaddo*/ (v.) stick ማጣበቅ፣ መጣበቅ

baaddo /*baaddo*/ (v.) split, break wood እንጨት ይቀሙ፣ ይሰብሩ

baakke gutto /*baakke gutto*/ (n.) hen, chicken, fowl ዶሮ፣ አውራ ዶሮ፣ ወፍ

Kafinoonoo-English-ዐማርኛ Dictionary

baakke urro /baakke urro/ (n.) cock አውራ ዶሮ
baakkoo /baakkoo/ (n.) chicken ዶሮ
baakkoo /baakkoo/ (n.) hatching chicken የታቀፈች ዶሮ
baako /baako/ (n.) field መስክ
baallo /baallo/ (n.) branch ባላ፤ ቅርንጫፍ
baambo /baambo/ (n.) valley ሸለቆ
baaraye /baaraye/ (n.f) female horse ሴት ፈረስ
baarite /baarite/ (v.) different, be የተለየ
baaro /baaro/ (n.) luck ዕድል፤ ዕጣ
baaro /baaro/ (n.) maize, corn በቆሎ
baarye /baarye/ (n.) mane በቅሎ
baate illo /baate illo/ (n.) track of man የሰው መንገድ
baate yafero /baate yafero/ (n.) toes ጣት
baato /baato/ (v.) forget, to መርሳት
baato /baato/ (n.) leg, foot እግር
baatoo /baatoo/ (n.) leg, foot እግር
baawundo /baawundo/ (n.) head cover ሻሽ
babero /babero/ (n.) torrent ጎርፍ
baburo /baburo/ (n.) mill ወፍጮ
bacheto /bačeto/ (v.) impure, be መቆሸሽ፤ ያልተጣራ
bacho /bačo/ (v.) to be prevented መከልከል
baddeyoo /baddeyoo/ (v.) to be splitted, to be broken እንዲሰበር፤ እንዲሰበር ነው
baddiitone /baddiitone/ (v.) he made splitted አስፈልጢል
baddo /baddo/ (n.) split fire wood እንጨት መፍለጥ
bage /bage/ (n.) female sheep ሴት በግ

Kafinoonoo-English-አማርኛ Dictionary

bagee geeco /bagee geečo/ (n.) Achyranthes aspera, a herb የዕፅ ዓይነት

bago /bago/ (n.) Combretum panicculatum, a climber የሐረግ ዓይነት

bago /bago/ (n.) sheep በግ

bahero wanena /bahero wanena/ (n.) ocean wards በውቅያኖስ በኩል

baho /baho/ (v.) gallop መጋለብ

bakko /bakko/ (n.) field መስክ

bako /bako/ (n.) plain field ግልገል መስክ

bakoo /bakoo/ (n.) a type of white enset ነጭ እንሰት

balagero /balagero/ (n.) side ጎን

baldo /baldo/ (n.) bucket ባልዲ

ballo /bállò/ (num.) hundred መቶ

banoo /banoo/ (n.) scar ጠባሳ

baqqaci /bak'k'ači/ (pron.) there እዛ ላይ

bare kexo /bare ket'o/ (n.) church ቤተ ክርስቲያን

bare mayo /bare mayo/ (n.) festivity meal የበዓላት ምግብ

bareho /bareho/ (n.) young ወጣት

bari bario /bari bario/ (v.) depart, go away ተለይ፤ ሂድ

baribaritino /baribaritino/ (n.) gap ክፍተት

baro /baro/ (adj.) another ሌላ

baro /baro/ (adj.) different የተለየ

baro /baro/ (n.) face, front ፊት፤ ፊት

baro /baro/ (n.) forehead ግንባር

baro /baro/ (n.) front ፊት

baro /baro/ (adj.) other ሌላ

Kafinoonoo-English-አማርኛ Dictionary

baro /baro/ (n.) pepper, red ቀይ በርበሬ
baroo /baroo/ (n.) festival በዓል
baroo /baroo/ (n.) luck ዕድል
barudo /barudo/ (n.) ball cannon የመድፍ አሩር
bati bati /bati bati/ (adj.) at first በመጀመሪያ
batibati /batibati/ (adj.) front ፊት
batteyoo /batteyoo/ (v.) to be forgotten መረሳት
batto /batto/ (v.) to forget መርሳት
battona qaxireco /battona k'at'irečo/ (n.) pedestrian እግረኛ
bawundo /bawundo/ (n.) head cover ሻሽ
baxite /bat'ite/ (v.) cut in small pieces መክተፍ
baxxe gaaho /bat't'e gaaho/ (v.) crunch or pound the root of enset መስበር መውቀጥ
bayiro /bayiro/ (n.) Oncinotis tenuiloba, a climber የሐረግ ዓይነት
bayo /bayo/ (v.) prevent እግድ
bayyo /bayyo/ (v.) prevent እግድ
becciye /beččiye/ (n.) plant ተክል
bechoo /bečoo/ (v.) to plant መትከል
bedero /bedero/ (n.) ice በረዶ
beecco /beečo/ (v.) distribute ማሰራጨት
beeco /beečo/ (n.) plant ተክል
beedaha /beedaha/ (adv) until እስከ
beeddito /beeddito/ (v.) abundant, be የተትረፈረፈ
beedo /beedo/ (n.) abundant ብዙ
beedo /beedo/ (v.) enough, be ይበቃል
beego /beego/ (v.) see, to ማየት

Kafinoonoo-English-አማርኛ Dictionary

beeho /beeho/ (n.) scent ሽታ
beeje /beeje/ (n.) sister-in-law ምራት፤ ዋርሳ፤ የባል ወይም የሚስት እህት
beekete /beekete/ (v.) appear ተከሰተ
beekiyo /beekiyo/ (v.) point out ጠቆመ
beekiyo /beekiyo/ (v.) show አሳየ
beekiyo /beekiyo/ (v.) show direction አቅጣጫውን አሳየ
beeko /beeko/ (n.) light ብርሃን
beeko /beeko/ (n.) plain clear ግልጽ
beello /beello/ (n.) brave ደፋር
beemi kexo /beemi ket'o/ (n.) quarter ሩብ
beemo /beemo/ (v.) have መኖር
beenoʔ /beenoʔ/ (v.) bounce መንጠር
beesho /beešo/ (v.) exceed በለጠ
beesho /beešo/ (v.) last ዘልቀሃል
beesho /beešo/ (v.) pass ማለፍ
begi beganomo tuno /begi beganomo tuno/ (v.) see ተመልከት
bella /bella/ (num.) hundred when counted መቶ
bello /bello/ (n.) hero ጀግና
bello /bello/ (num.) hundred in isolation መቶ
beqòra /bek'òra/ (n.) torch ችቦ
berallo /berallo/ (n.) misfortune መጥፎ ዕድል
beshabesho /bešabešo/ (n.) abundant ብዙ
beshati /bešati/ (v.) It has passed አልፏል
besheto /bešeto/ (n.) past tense ያለፈ ጊዜ
besho /bešo/ (n.) hut (small) ጎጆ (ትንሽ)
besho /bešo/ (v.) pass, cross ማለፍ፤ መስቀል

Kafinoonoo-English-ዐማርኛ Dictionary

besho /*bešo*/ (n.) perfume ሽቶ
bet /*bet*/ (adv) yet ገና
bi shalligo shacheto /*bi šalligo šačeto*/ (v.) absent minded (be) አቅለ ቢስ መሆን
biʔiyo /*biʔiyo*/ (n.) bead ፍሬ
bibberoo /*bibberoo*/ (n.) Millefria ferrginea, a tree ብርብራ
bichero /*bičero*/ (n.) mule በቅሎ
bicho /*bičo*/ (v.) scoop መዛቅ
bichoo /*bičoo*/ (v.) to be released ሊፈታ ይችላል
bido /*bido*/ (v.) scoop መዛቅ
biic /*biič*/ (pron.) her እሷ
biidicio /*biidičio*/ (v.) generate, give birth ማመንጨት፣ ወለደች
biiliwo /*biiliwo*/ (v.) fly fast በፍጥነት ይበርራል
biinno /*biinno*/ (n.) buttock ቂጥ
biiro /*biiro*/ (adj.) bright ብሩህ
biishiyo /*biišiyo*/ (n.) divorce ፍቺ
biisho /*biišo*/ (v.) to release from jail or from tie መፍታት፣ መልቀቅ
biisho /*biišo*/ (v.) untie መፍታት፣ መልቀቅ
biisho /*biišo*/ (v.) untying; translating, interpreting መፍታት፣ መተርጎም
biito /*biito*/ (n.) mead of honey ጠጅ
biiyo /*biiyo*/ (n.) illness ሕመም
biiyyo /*biiyyo*/ (n.) pain ሕመም
biqeytoca yeshsho /*bikʼeytoča yeššo*/ (v.) lay hold of ተይዟል
birewo /*birewo*/ (n.) silver ብር

Kafinoonoo-English-አማርኛ Dictionary

biritino /*biritino*/ (v.) smile, to ፈገግ ማለት
biriyo /*biriyo*/ (n.) illuminate ብርሃን
bisho /*bišo*/ (v.) release ከብትን መልቀቅ
bishsho /*biššo*/ (v.) unload (for mule) የበቅሎ ጀምብ ማራገፍ
bito /*bito*/ (n.) mead of honey ጠጅ
bo /*bo*/ (n.) he, polite አሳቸው
bobbo /*bobbo*/ (n.) tube, tunnel ቧንቧ፣ ዋሻ፣ ቦይ
boco /*bočo*/ (n.) road, path መንገድ፣ መንገድ
bogo /*bogo*/ (n.) pillage ዘረፋ
bogo /*bogo*/ (v.) rob መነጠቅ፣ መቀማት
bojji gixxani /*bojji git't'ani*/ (n.) February የካቲት
bokko /*bokko*/ (v.) to be robbed መቀማት
booko /*booko*/ (n.) enemy (bandit) ጠላት፣ ሽፍታ
boonoshi /*boonoši*/ (n.) they እነሱ
booqo /*book'o*/ (n.) Bersama abyssinnica, a tree የዛፍ ዓይነት
booreho /*booreho*/ (v.) miscarry, abort, ውርጃ፣ ማስወረድ
booro /*booro*/ (n.) lime ኖራ
booro /*booro*/ (n.) lime ሎሚ
booto /*booto*/ (n.) basket of calabash ቅርጫት
booyo /*booyo*/ (v.) advise ምክር
booyo /*booyo*/ (n.) bird ግልገል እንሳ
boritto /*boritto*/ (n.) front of a house ቤት ፊት ለፊት፣ በራፍ
boto /*boto*/ (n.) calabash ቅል
boto /*boto*/ (n.) gourd ቅል
boto /*boto*/ (n.) tobacco ትንባሆ

Kafinoonoo-English-ዐማርኛ Dictionary

botto /botto/ (n.) mortar, the hollow ሙቀጫ
botto /botto/ (n.) smoking pipe ጋጨሻ
boxo /bot'o/ (n.) bead ጨሌ
boyeyo /boyeyo/ (n.) counsel ምክር
buchetone /bučetone/ (v.) feeling ashamed ተሰቅጻል
buddine hugo /buddine hugo/ (n.) threshing floor አውድማ
buggo /buggo/ (v.) ashy for color አመድማ
bukkaaco /bukkaačo/ (n.) grey ግራጫ
bukkesho /bukkešo/ (n.) barren መሃን
bukko /bukko/ (n.) barren land ባዶ መሬት
bulaabo /bulaabo/ (n.) always ሁልጊዜ
bulko /bulko/ (n.) thick cloth ወፍራም ጨርቅ፤ ቡልኮ
bullabo /bullabo/ (n.) eternal ዘለአለማዊ
bulle asho /bulle ašo/ (n.) every body እያንዳንዱ አካል
bulli /bulli/ (adv) all ሁሉም
bune qondo /bune k'ondo/ (n.) coffee pot ጀበና
bune waaji /bune waaji/ (n.) infusion of coffee leaves የቡና ቅጠሎችን መቀቀል
buneno /buneno/ (n.) brown ቡናማ
buneno /buneno/ (n.) coffee-like color ቡና-ዓይነት ቀለም
bungo /bungo/ (n.) barley, roasted የተቆላ ገብስ፤ ቆሎ
bungoo /bungoo/ (n.) roasted grain የተቆላ እህል፤ ቆሎ
bungoo /bungoo/ (v.) roasted grain, it comes from flower የተጠበሰ እህል፤ ከአበባ ይመጣል
bunno /bunno/ (v.) scream, shout መጮኸ
buno /buno/ (n.) coffee ቡና
buno /buno/ (n.) hot ashes ረመጥ፤ ሙቅ አመድ

15

Kafinoonoo-English-አማርኛ Dictionary

buqqoo /buk'k'oo/ (n.) pumpkin ዱባ
buricho /buričo/ (n.) sea ባሕር
buricho /buričo/ (n.) tide ውሃ
buriibuʔo /buriibuʔo/ (n.) mold ሻጋታ
buro /buro/ (n.) cloth for waist ድግ፣ የወገብ ጨርቅ
busha shambato /buša šambato/ (n.) Saturday ቅዳሜ
bushaa shambettoo /bušaa šambettoo/ (n.) Saturday ቅዳሜ
bushe /buše/ (n.) girl ሴት ልጅ
bushe /buše/ (n.) unmatured child ያልደረሰ ልጅ
bushe qoolo /buše k'oolo/ (v.) ask in marriage ጋብቻን ይጠይቁ
bushe uyyo /buše uyyo/ (n.) soft [for a drink] ለስላሳ [ለመጠጥ]
bushebushe /bušebuše/ (n.) grand son የልጅ ልጅ
bushi shoocoomon shaaddo /buši šoočoomon šaaddo/ (n.) as a baby እንደ ሕፃን
bushishekayo /bušišekayo/ (n.) children's game የልጆች ጨዋታ
busho /bušo/ (n.) boy (cf. child) ልጅ (ከልጅ)
busho /bušo/ (n.) child, boy ልጅ፣ ወንድ
busho /bušo/ (n.) son ወንድ ልጅ
busho /bušo/ (v.) grind, crush መውቀጥ
busho keno /bušo keno/ (n.) son-in-law አማች
bushshindo /buššindo/ (n.) hair other than that of head ጸጉር
butino /butino/ (n.) cane of a millet የማሽላ አገዳ
butoo /butoo/ (n.) Scheffleria abyssinica, a tree ገተሜ ዛፍ

Kafinoonoo-English-አማርኛ Dictionary

buttino /*buttino*/ (n.) cane አገዳ
butto /*butto*/ (n.) soil አፈር
buudino /*buudino*/ (n.) flour ዱቄት
buuho /*buuho*/ (n.) bark of a dog የውሻ ጩኸት
buukko /*buukko*/ (adj.) white ነጭ
buungo /*buungo*/ (v.) flourish ማበብ
buuno /*buuno*/ (n.) hail እሪታ
buuqo /*buuk'o*/ (n.) uncircumcised penis ወሽላ
buuro /*buuro*/ (n.) short grass for grazing አጭር ሣር ለግጦሽ
buuro /*buuro*/ (n.) woman's የሴት
buusharo /*buušaro*/ (n.) guarantor ዋስ
buusho /*buušo*/ (v.) help! እገዛ!
buusho /*buušo*/ (n.) rail at each side በእያንዳንዱ ጎን
buuxo /*buut'o*/ (n.) porridge, food ገንፎ፣ ምግብ

C c

c /*č*/ (post.) for ለ
caacco /*čaaččo*/ (v.) to wrap መጠቅለል
caacho /*čaačo*/ (v.) to be wrapped መጠቅለል
caammero /*čaammero*/ (n.) bent grass ሰርዶ
caatto /*čaatto*/ Albizia gumifera, a tree የዛፍ ዓይነት
cabboo /*čabboo*/ (n.) soup መረቅ፣ ሾርባ
cacho /*čačo*/ (v.) sweared at በእርግማን ወጋቲል
caggo /*čaggo*/ (v.) shave, to መላጨት
caphero /*čap'ero*/ (n.) Ficus vasta, a tree የዛፍ ዓይነት

cayo /čayo/ (v.) swear on someone በአንዴ ሰው ላይ መማል
ce /če/ (locat.) from ከ
ceeroca /čeeroča/ (adv) at last በመጨረሻ
ciciho /čičiho/ (n.) coal ከሰል
cido /čido/ (v.) to germinate ብቅል ማብቀል
ciichetone /čiičetone/ (v.) finished ተጠናቅቋል
ciicho /čiičo/ (v.) to be advised መመከር
ciico /čiičo/ (v.) to advise መምከር
ciico /čiičo/ (n.) advising ማማከር
ciiiiiro /čiiiiiro/ (v.) finish ጨርስ
ciirahon /čiirahon/ (v.) We are finished ጨርሰናል
ciirataachoteʔ /čiirataačoteʔ/ (v.) Aren't you finished? አልጨረስከምʔ
ciiratone /čiiratone/ (v.) It is finished ተጠናቀቀ
ciiro /čiiro/ (n.) the finish ያለቀ
ciiro /čiiro/ (v.) to be finished እንዲጠናቀቅ
coqi rato /čok'i rato/ (n.) singing ዘፈን
coroo /čoroo/ (n.) albinism ለምጽ
cubo /čubo/ (n.) calf ባት
cuubo /čuubo/ (n.) calf of leg ባት

CH ch

chaacho /čaačo/ (n.) cloth for head ሻሽ
chaaco /čaačo/ (n.) droppings ብናኞች
chaageo /čaageo/ (n.) foam አረፋ
chaageo /čaageo/ (n.) fog ጭጋግ

Kafinoonoo-English-ዐማርኛ Dictionary

chaajo /čaajo/ (v.) perspire መላብ
chaajo /čaajo/ (n.) sweat ላብ
chaamete /čaamete/ (v.) bitter መራራ
chaamo /čaamo/ (v.) bitter መራራ
chaapho /čaap'o/ (n.) edge for cloth የጨርቅ ጠርዝ
chaapo /čaapo/ (v.) dance መደነስ
chaapo /čaapo/ (n.) dance ዳንስ
chaayi /čaayi/ (n.) porcupine ጃርት
chadiqo /čadik'o/ (n.) heaven መንግሥተ ሰማያት
chahone /čahone/ (n.) corpse (breath not) ሬሳ (ትንፋሽ የሌለው)
chakko /čakko/ (v.) shave, to መላጨት
chammbo /čammbo/ (n.) third cup ሦስተኛው ጽዋ
chammo /čammo/ (n.) shoes ጫማ
chammona waaceto /čammona waačeto/ (v.) uprooted ተነቅሏል
chammona waaxeto /čammona waat'eto/ (v.) uprooted ተነቅሏል
chammona waaxo /čammona waat'o/ (v.) uproot ተነቅሏል
chaphico /čap'ičo/ (v.) splinter ተሰነጠቀ
chapho /čap'o/ (v.) jump ዘለለ
charchako /čarčako/ (n.) lizard እንሽላሊት
chayo /čayo/ (n.) will, last ፈቃድ፤ የመጨረሻ
checcite /čeččite/ (n.) alight, land ድንበር፤ መሬት
chechi /čeči/ (n.) August ነሐሴ
cheecco /čeeččo/ (v.) fulfill መሙላት
cheecco /čeeččo/ (v.) full, be የሟላ

Kafinoonoo-English-ዐማርኛ Dictionary

cheecheto /čeečeto/ (v.) lighten የበራ
cheeco /čeečo/ (v.) fill መሙላ
cheeco /čeečo/ (v.) fill up , to መሙላ፣ እስከ
cheeco /čeečo/ (v.) light, be ብርሃን
cheego /čeego/ (v.) call ጥሪ
cheego /čeego/ (n.) call (a dog) ጥሪ (ለውሻ)
cheello /čeello/ (v.) become for fruit ደረሰ፣ በሰለ (ለፍሬ ይሆናል)
cheeni hiiro /čeeni hiiro/ (n.) armful ከንድ ሙሉ፣ እቅፍ ሙሉ
cheeni ufo /čeeni ufo/ (v.) flow ፍሰት
cheeno /čeeno/ (n.) full ሙሉ
cheeno /čeeno/ (v.) reject አትቀበል
cheeno /čeeno/ (n.) whole ሙሉ
cheenona /čeenona/ (n.) whole ሙሉ
cheero /čeero/ (n.) tail ጅራት
cheexe kuuro /čeet'e kuuro/ (n.) male ass ወንድ አህያ
chemo /čemo/ (n.) root ስር
chere eexo /čere eet'o/ (n.) tail, hair of ጭራ
chereho /čereho/ (v.) stretch self, to ራስን በራስ በመዘርጋት
chiche /čiče/ (v.) thin, be ቀጠነ
chichino /čičino/ (n.) charcoal ከሰል
chicho /čičo/ (n.) infusion of coffee leaves የቡና ቅጠል ማፍላት
chicho /čičo/ (n.) red (for human) ቀይ (ለሰው)
chicho /čičo/ (n.) thin ቀጭን
chicho tuno /čičo tuno/ (v.) skinny, be ቀጭን
chiddite /čiddite/ (n.) belch for a lion የአንበሳ ግሳት

Kafinoonoo-English-ዐማርኛ Dictionary

chiicciye /čiiččiye/ (v.) finished, be ጨርሰዋል
chiicete /čiičete/ (v.) appear ብቅ አለ
chiicho /čiičo/ (v.) to finish መጨረስ
chiico /čiičo/ (v.) finish ጨርስ
chiigo /čiigo/ (v.) despise, to መናቅ
chiimo /čiimo/ (n.) death ሞት
chiimo /čiimo/ (v.) worn out ተቀዳዶ አለቀ
chiinno /čiinno/ (n.) odor (-ve) ሺታ
chiino /čiino/ (v.) see, to ማየት
chiiqqo /čiik'k'o/ (v.) strangle, to ማነቅ
chiiro /čiiro/ (v.) worn out ያረጀ ያለቀ
chiixe wotto /čiit'e wotto/ (n.) walk የእግር ጉዞ
chiixo /čiit'o/ (v.) measure with palm በመዳፍ መለካት
chiixxiyo /čiit't'iyo/ (v.) leaning ማዘንበል
chiixxo /čiit't'o/ (v.) lean back ወደ ኋላ አዘንብለው
chillo /čillo/ (n.) edge for a whip የጅራፍ ጠርዝ
chillo /čillo/ (n.) edge for tree ለዛፍ ዛፍ ጠርዝ
chimmesho /čimmešo/ (n.) hard ከባድ
chimmesho /čimmešo/ (n.) hard firm ground ጠንካራ መሬት
chimo /čimo/ (v.) dry out ደረቀ
chinneco /činnečo/ (n.) looker ተመልካች
chinni bellite /činni bellite/ (n.) aim ዓላማ
chinno /činno/ (n.) smell, scent ሺታ፣ መዓዛ
chiqqilo /čik'k'ilo/ (n.) of a chicken የዶሮ
chire busho /čire bušo/ (n.) later በኋላ ላይ
chixxo /čit't'o/ (v.) be high, stretched ከፍ ያለ፣ የተዘረጋ

Kafinoonoo-English-አማርኛ Dictionary

chochi chero /čoči čero/ (n.) tail of an animal ጭራ (የእንስሳት)
choci illo /čoči illo/ (n.) saliva of beast ለሀጭ (የእንስሳት)
choki cheego /čoki čeego/ (n.) loud call ከፍተኛ ጥሪ
choko /čoko/ (n.) hail መጭህ
choko /čoko/ (v.) scream, shout ጯኸት
choko /čoko/ (n.) shout ጩኸ
choko bunno /čoko bunno/ (v.) shout ጩኸ
chokone /čokone/ (n.) crow ቁራ
chollo /čollo/ (v.) grow ማደግ
chomite /čomite/ (v.) be fast, appoint ፈጣን፣ ሾመ
chonjo /čonjo/ (n.) torch (one) ችቦ (አንድ)
chono /čono/ (adj.) small, red ትንሽ ቀይ
chono /čono/ (n.) rat አይጠ መጎጥ
chooko /čooko/ (v.) chew ማኘክ
chooko /čooko/ (n.) in a loud voice በታላቅ ድምፅ
chookoo /čookoo/ (v.) to shout መጭህ
choollo /čoollo/ (n.) grass new ጨሌ ሣር አዲስ
choono /čoono/ (n.) mouse አይጥ
chootiyo /čootiyo/ (n.) empty out ባዶ ማድረግ
chooxo /čoot'o/ (n.) animal እንስሳ
choqqiro /čok'k'iro/ (n.) joke ፌዝ
chotiyo /čotiyo/ (v.) spill ፈሰሰ
choto /čoto/ (n.) drop የወደቀ
choto /čoto/ (v.) drop ወደቀ
choto /čoto/ (v.) leak for a house ማፍሰስ ለቤት
choyo /čoyo/ (v.) gush out መሞቅ
choyo /čoyo/ (v.) vomit ማስታወከ

Kafinoonoo-English-አማርኛ Dictionary

chube diibo /čube diibo/ (n.) muscle of the lower leg የታችኛው እግር ጡንቻ
chucceco /čuččečo/ (n.) one who put so in prison አሳሪ
chuceto /čučeto/ (n.) prisoner የታሰረ
chucho /čučo/ (n.) bed bug ቅማል
chucho /čučo/ (n.) bug ነፍሳት
chucho /čučo/ (v.) to be spitted out መተፋት
chucho /čučo/ (v.) to be tied, jailed መታሰር
chudo /čudo/ (n.) saliva ምራቅ
chudo /čudo/ (v.) spit ተፋ
chudo /čudo/ (v.) to spit out መትፋት
chufio /čufio/ (v.) smoke ማጨስ
chufo /čufo/ (n.) smoke ጭስ
chundi baaxxo /čundi baat't'o/ (v.) be meager ትንሽ
chuqino /čuk'ino/ (n.) spatula of child የልጅ ፊንጢጣ
chuqqino /čuk'k'ino/ (n.) anus ፊንጢጣ
chuqqo /čuk'k'o/ (n.) glance ድንገት
churrixo /čurrit'o/ (v.) overflow (extreme.) ሞልቶ (እጅግ በጣም ብዙ)
chuuboi /čuuboi/ (n.) calf ባት
chuungo /čuungo/ (n.) hair plaited ሹሩባ
chuuqqo /čuuk'k'o/ (v.) strangle, to by choking መታነቅ
chuyo /čuyo/ (n.) imprison ማታሰር
chuyo /čuyo/ (v.) knot ማሰር
chuyo /čuyo/ (v.) tie ማሰር
chuyo /čuyo/ (v.) tie up አሰር
chuyo /čuyo/ (v.) tie, join ማገናኘት፣ ተቀላቀል

Kafinoonoo-English-ዐማርኛ Dictionary

CHʔ chʔ
chʔaaco /č'aačo/ (v.) to wrap መጠቅለል
chʔaaroo /č'aaroo/ (n.) sycamore ሾላ
chʔago /č'ago/ (v.) to skin , to raze ቆዳን ለማለስለስ፣ መላጨት
chʔakko /č'akko/ (v.) to be skinned, to be razed መላጨት
chʔangiyo /č'angiyo/ (n.) type of wood in the construction of a house ወጋግራ
chʔaricakke /č'aričakke/ (n.) lizard እንሽላሊት
chʔilloo /č'illoo/ (n.) whey አጓት
chʔiqqilloo /č'ik'k'illoo/ (n.) faeces ኩስ
chʔiwulliyoo /č'iwulliyoo/ (v.) to drown መስመጥ
chʔogo /č'ogo/ (v.) to take a handful መዘገን
chʔolliyoo /č'olliyoo/ (v.) to prepare, produce seedlings ዘር ማፍላት

D d

daabbo /daabbo/ (n.) fish net የዓሳ መረብ
daabbo /daabbo/ (v.) hunt, to ማደን
daabito /daabito/ (v.) free born ነፃ ተወላደ
daabo /daabo/ (n.) bread ዳቦ
daaboc /daaboč/ (v.) help one another እርስ በርሳችሁ ተረዳዱ
daacco /daaččo/ (v.) deceive ማታለል
daachoo /daačoo/ (v.) to cover the roof for a house ጣሪያ መክደን

Kafinoonoo-English-ዐማርኛ Dictionary

daaddo /daaddo/ (n.) backyard የቤት ጀርባ ጓሮ
daade goyyo /daade goyyo/ (n.) garden መናፈሻ
daado /daado/ (n.) compound ግቢ
daado /daado/ (n.) help one another እርስ በርሳችሁ ተረዳዱ
daaharoo /daaharoo/ (n.) lion አንበሳ (ጌሻ እና ጬና)
daahero /daahero/ (n.) lion አንበሳ
daaki /daaki/ (v.) repeat ድገም
daakite /daakite/ (v.) add መጨመር
daakkeyoo /daakkeyoo/ (v.) to be added መጨመር
daakko /daakko/ (v.) mom, mother እማዬ
daalloo /daalloo/ (n.) liquid honey የማር ወለላ
daamb /daamb/ (adv) above ከላይ
daamba /daamba/ (n.) north ሰሜን
daambe /daambe/ (locat.) over በላይ
daambe /daambe/ (locat.) under, below በታች፣ በታች
daamboye /daamboye/ (n.) the above one ከላይ
daamio /daamio/ (v.) take, to መውሰድ
daammo /daammo/ (n.) various types ልዩ ልዩ አይነቶች
daamo /daamo/ (v.) take መውሰድ
daani bešo /daani bešo/ (v.) cut the borders ወሰን ማጽረጥ ጠረዝ መቁረጥ
daaniho /daaniho/ (v.) tie, join ማገናኘት፣ መቀላቀል
daaniyo /daaniyo/ (v.) join ተቀላቀል
daano /daano/ (n.) border ድንበር
daano /daano/ (adj.) extremely እጅግ በጣም
daano /daano/ (v.) meet, to መገናኘት
daapo /daapo/ (n.) tide ማዕበል

Kafinoonoo-English-ዐማርኛ Dictionary

daapo /*daapo*/ (n.) tide ሞገድ
daaqelo /*daak'elo*/ (n.) order (step) ቅደም ተከተል (ደረጃ)
daarete /*daarete*/ (v.) delimit መወሰን
daaro /*daaro*/ (n.) border ድንበር
daaro /*daaro*/ (n.) ditch ጉድጓድ
daaro /*daaro*/ (n.) skin, hide ቆዳ፣ ደብቅ
daawusho /*daawušo*/ (v.) delude ማታለል
dabbo /*dabbo*/ (n.) net መረብ
dabboo /*dabboo*/ (v.) follow መከተል
dabiʔo /*dabiʔo*/ (n.) emmer wheat ጠመኽር
dachecho /*dačečo*/ (n.) cheater, deceiver አታላይ
dachoo /*dačoo*/ (v.) to sooth someone ማባበል
dachoo /*dačoo*/ (n.) mineral water, salty water ሆራ
dada aaddo /*dada aaddo*/ (adj.) unsteadily ያልጠበቀ
dadaddo /*dadaddo*/ (n.) darnel እንክርዳድ
daddaaddo /*daddaaddo*/ (v.) to stumble መደናቀፍ
daffero /*daffero*/ (n.) hump እብጠት
dafo /*dafo*/ (v.) help one another on feast preparation በድግስ መደጋገፍ
dafo /*dafo*/ (n.) slashing, clearing መመንጠር
dagg /*dagg*/ (n.) between መካከል
daggichoo /*daggičoo*/ (n.) east ምሥራቅ፣ አማሴሎ
dagitato /*dagitato*/ (n.) mild ረጋ ያለ
daguco /*dagučo*/ (n.) sorghum ዘንጋዳ
dakkoo /*dakkoo*/ (v.) to add መጨመር
dalloo /*dalloo*/ (v.) to become thin መከሳት
damb /*damb*/ (v.) take! ውሰድ
damba /*damba*/ (locat.) up ወደላይ

26

Kafinoonoo-English-ዐማርኛ Dictionary

dambena /dambena/ (locat.) at the top ከላይ
damete /damete/ (v.) bleed መድማት
damidewo /damidewo/ (v.) transport things ነገሮችን ያንጉዞ
damite /damite/ (v.) take, to መውሰድ
dangio /dangio/ (n.) elephant ዝሆን
dangiro /dangiro/ (n.) serpent አባብ
danno /danno/ (v.) find መፈለግ
danno /danno/ (v.) get ማግኘት
dano /dano/ (n.) frontier ድንበር
dano /dano/ (n.) limit ገደብ
darebo /darebo/ (n.) python ዘንዶ
dareboo /dareboo/ (n.) python ዘንዶ
dawlo /dawlo/ (n.) 20 k container, measurement large (20 kg.) ዳውላ (20 ኪሎ)
dawuchoo /dawučoo/ (n.) sorghum ዳጉሳ
dawuusho /dawuušo/ (v.) cheat ማጭበርበር
dayino /dayino/ (v.) dream loud መቃዘት
deʔitino /deʔitino/ (n.) kindness ደግነት
deʔo /deʔo/ (n.) kind ደግ
deʔo /deʔo/ (v.) receive ተቀበል
deʔo /deʔo 2 ፡2/ (n.) generous ለጋስ
deʔo /deʔo 3/ (v.) have sex with a woman ከሴት ጋር የግብረ ስጋ ግንኙነት ማድረግ
decen /dečen/ (locat.) low ዝቅተኛ
deceto /dečeto/ (v.) short for wood ዝቅ ያለ ለእንጨት
decho /dečo/ (n.) day ቀን
decho /dečo/ (n.) large knife ትልቅ ቢላዋ፣ ሜንጫ

Kafinoonoo-English-አማርኛ Dictionary

decho beshiyo /dečo bešiyo/ (v.) spend the day ቀን ማሳለፍ፤ ቀን መዋል
deece /deeče/ (locat.) at the bottom ከሥር
deecho /deečo/ (n.) machete ገጀራ
deedo /deedo/ (n.) waist ወገብ
deegeo /deegeo/ (n.) mutual የጋራ መገባባት
deeko /deeko/ (n.) short, dwarf አጭር፤ ድንክ
deengic /deengič/ (n.) horizontal አግድም
deenite /deenite/ (n.) part of the way home ወደ ቤት የሚወስደው አጋማሽ መንገድ
deewo /deewo/ (v.) fetch (go and bring) ፈልግ (ሂድ እና አምጣቸው)
deggiye /deggiye/ (v.) support ድጋፍ
deggoc /deggoč/ (locat.) in the middle መሃል ላይ
dego /dego/ (v.) to stop sth, to prevent መገደብ፤ መከልከል
dego /dego/ (n.) vulva, pipe ቧንቧ
dekkete /dekkete/ (v.) delimit ተገደበ
delàn /delàn/ (n.) a type of village building የመንደሩ ዓይነት
demmo /demmo/ (n.) blood ደም
dengic chapho /dengič čap'o/ (locat.) across up በመሃል ላይ
dengo /dengo/ (n.) mud ጭቃ
deshen /dešen/ (locat.) down ታች
deshen /dešen/ (locat.) downstream የታችኛው ክፍል
deshi /deši/ (locat.) below ከታች
deshi wan /deši wan/ (locat.) down ታች

Kafinoonoo-English-ዐማርኛ Dictionary

desho /dešo/ (v.) short አጭር (ለሰው)፣ ዝቅ ያለ
deshshi /dešši/ (n.) south ደቡብ
detèi /detèi/ (n.) blanket ብርድ ልብስ
di?ete /di?ete/ (n.) steer መበጥበጥ (ለጠላ)
di?o /di?o/ (v.) steer መደፍረስ
diggo /diggo/ (n.) hello-greetings ሰላምታ
dihiye /dihiye/ (n.) rain ዝናብ
diibeeno /diibeeno/ (n.) blue ሰማያዊ
diicho /diičo/ (v.) high, be ከፍ ያለ
diicho /diičo/ (v.) high, be ማደግ
diico /diičo/ (v.) fall, make መጣል
diigeniyo /diigeniyo/ (n.) the steer መሪ
diiho /diiho/ (v.) fall ሞልቷል
diingero /diingero/ (n.) snake እባብ
diiqqo /diik'k'o/ (n.) sugar cane [of corn] የበቆሎ አገዳ
diiro /diiro/ (n.) bless መባረክ
diiro /diiro/ (n.) Blessing በረከት
diishsho /diiššo/ (n.) grass for thatching ሣር ለቤት ክዳን
dikko /dikko/ (v.) to smear, paint the floor መለቅለቅ (የቤት ወለል)
dingero /dingero/ (n.) snake እባብ
dingiirato /dingiirato/ (v.) numb, become መደንዘዝ
diq /dik'/ (n.) bolt suddenly መቀርቀር
diqo /dik'o/ (n.) sweet potato ስኳር ድንች
diqqiaine /dik'k'iaine/ (n.) care እንክብካቤ
diqqo /dik'k'o/ (n.) fool ሞኝ
diyii /diyii/ (n.) May ግንቦት
dochi tigo /doči tigo/ (n.) filter for beer የጠላ ማጥለያ

Kafinoonoo-English-አማርኛ Dictionary

doci /doči/ (n.) holiday የበዓል ቀን
dogeshsho /dogeššo/ (v.) limp ማነከስ
dogo /dogo/ (n.) for sheep ለበጎች
dogo /dogo/ (n.) kraal for sheep የበግ በረት
dojjeyoo /dojjeyoo/ (v.) to be closed መዘጋት
dojjoo /dojjoo/ (v.) to close መዝጋት
dojo /dojo/ (n.) tame መግራት
dokiikiyoo /dokiikiyoo/ (n.) circumcision ግርዛት
dokiritte /dokiritte/ (v.) circumcise መግረዝ
dokiro /dokiro/ (n.) circumcision ግርዘት
dollete /dollete/ (v.) heap መከመር
dollo /dollo/ (n.) heap ክምር
dollo /dollo/ (v.) pound መውቀጥ
dongellebi /dongellebi/ (n.) January ጥር
donji qicho /donji k'ičo/ (n.) husband's የባል
donjitino /donjitino/ (v.) govern መግዛት፣ ማስተዳደር
doocho /dooco/ (v.) beer ቢራ
doogo /doogo/ (n.) enclosure አጥር
doogo /doogo/ (n.) hidden ስውር
dooje niho /dooje niho/ (n.) teacher መምህር
doojo /doojo/ (v.) teach ማስተማር
dooki aliyo /dooki aliyo/ (v.) extinguish ማጥፋት
dooli mocoo /dooli močoo/ (n.) Arthraxonmicans, a grass type የሣር ዓይነት
doollo /doollo/ (v.) pile up መከመር
dóollo /dóollo/ (n.) antelope አጋዘን
dòollo /dòollo/ (n.) bamboo water container የቀርከሃ ውሀ ማጠራቀሚያ

Kafinoonoo-English-ዐማርኛ Dictionary

doolo /*doolo*/ (n.) antelope, deer ኢጋዘን
doosho /*doošo*/ (n.) thigh ጭን
doqqo /*dok'k'o*/ (n.) potato ድንች
doyite /*doyite*/ (v.) accustomed, be የተለመደው·
doyito /*doyito*/ (n.) learned man የተማሪ ሰው·
doyoo /*doyoo*/ (v.) learn! ይማሩ!
doyyi dabbe /*doyyi dabbe*/ (n.) spider ሸረሪት
duʔio /*duʔio*/ (n.) chase, to ማባረር
duʔo /*duʔo*/ (n.) corner ጥግ
dubbo /*dubbo*/ (n.) traditional clothes ባህላዊ ልብሶች
dubbo /*dubbo*/ (n.) singing and dancing ዘፈንና ጭፈራ
dubeno /*dubeno*/ (n.) corpse (breath not) ሬሳ (ትንፋሽ የለም)
dubiyo /*dubiyo*/ (v.) demolish ማውደም
duchite /*dučite*/ (phrase) for knife ለቢላዋ
dudii /*dudii*/ (n.) June ሰኔ
dudo /*dudo*/ (n.) dumb ቂል
duffone /*duffone*/ (v.) drop a stone መጣል (ለድንጋይ)
dufo /*dufo*/ (n.) mud ጭቃ
dufo /*dufo*/ (n.) stamp ማህተም
dufo /*dufo*/ (v.) stamp ማተም
dufo /*dufo*/ (v.) to sting (for bee) መንደፍ (ለንብ)
dufo /*dufo*/ (n.) seal ምርጊት
dugguula /*dugguula*/ (n.) steep slop ተንሸራታች ጠመዝማዛ
dugoo /*dugoo*/ (n.) stork እርኩም
dugoo /*dugoo*/ (n.) clod ጓል
dulan /*dulàn*/ (n.) a type of village building የመንደሩ ዓይነት

Kafinoonoo-English-ዐማርኛ Dictionary

dupho /*dup'o*/ (n.) Embelea schimperi, a climber የሐረግ ዓይነት
duphpho /*dup'p'o*/ (n.) menstrual cycle የወር አበባ
duqsho /*duk'šo*/ (n.) onion ሽንኩርት
dutei /*dutèi*/ (n.) blanket ብርድ ልብስ
duubbi bee /*duubbi bee*/ (n.) includes both singing and dancing ሁለቱንም ዘፈንና ጭፈራን ያካትታል
duubeti mayo /*duubeti mayo*/ (n.) bad, poisonous food መጥፎ፤ መርዝ ምግብ
duubeto /*duubeto*/ (v.) to spoil ማጥፋት፣ ማበላሸት
duubiyoo /*duubiyoo*/ (v.) to spoil ማጥፋት፣ ማበላሸት
duubo /*duubo*/ (n.) play ጨዋታ
duubo /*duubo*/ (v.) play መጫወት
duubo /*duubo*/ (v.) to sing መዝፈን
duubo /*duubo*/ (n.) song ዘፈን
duubo /*duubo*/ (v.) to sing መዝፈን
duucho /*duučo*/ (v.) to be brewed or soaked መጠመቅ
duufo /*duufo*/ (v.) bounce መንጠር
duufo /*duufo*/ (v.) murmur, to ማጉረምረም፣
duuggula /*duuggula*/ (locat.) down ታች
duugula gabiko /*duugula gabiko*/ (v.) make down አውርድ
duuho /*duuho*/ (v.) bury, to መቅበር
duuho /*duuho*/ (n.) wall ግድግዳ
duuppo /*duuppo*/ (v.) to be sang መዘፈን
duuroo /*duuroo*/ (n.) ignorant ድንቁርና

Kafinoonoo-English-ዐማርኛ Dictionary

duusho /duušo/ (v.) brew beer መጥመቅ (ለጠላ)
duusho /duušo/ (v.) soaked, be መጥመቅ

E e

eʔe /eʔe/ (n.) yes አዎ
ebeqora /ebekʼòra/ (n.) torch ችቦ
ebi ebi tunehe /ebi ebi tunehe/ (n.) so-and-so እንትንና እንትን
ebi nabona /ebi nabona/ (n.) because of ምክንያቱም
eebemon /eebemon/ (n.) beside ጎን
eecceete /eeččeete/ (v.) to be asked መጠየቅ
eeccete /eeččete/ (v.) ask ጠይቅ
eeceeto /eečeeto/ (v.) abundant, be የተትረፈረፈ
eecete /eečete/ (v.) be absent የለም
eechchetoo /eeččetoo/ (n.) gap in teeth ፍንጭት
eechiyo /eečiyo/ (n.) tongue ምላስ
eeci daalo /eeči daalo/ (n.) liquid honey ወለላ ማር
eefo /eefo/ (v.) weep ማልቀስ
eeje booto /eeje booto/ (n.) for milk ለወተት
eeje qondo /eeje kʼondo/ (v.) for milking ለማለብ
eeji qondo /eeji kʼondo/ (n.) container of milk ወተት መያዣ
eeko /eeko/ (n.) Stephanica abyssinica, a climber የሐረግ ዓይነት
eello /eello/ (v.) to hear መስማት
eelloo /eelloo/ (n.) colobus monkey ጉሬዛ
eengoo /eengoo/ (n.) brain አእምሮ

Kafinoonoo-English-ዐማርኛ Dictionary

eeno /eeno/ (n.) age እድሜ
eepo /eepo/ (n.) false banana እንሰት
eeretiyo /eeretiyo/ (v.) give on a loan ማዋስ
eetino /eetino/ (n.) enset food, white ቂርጮ
eetto /eetto/ (n.) enemy (warrior) ጠላት (ተዋጊ)
eexo /eet'o/ (n.) fur የአውሬ ጸጉር
effo /effo/ (n.) cry, weep ማልቀስ
efo /efo/ (v.) cry, weep ማልቀስ
ejjeno /ejjeno/ (n.) hive-breaking bird ቀፎ ሰባሪ (ወፍ)
ejji qicho /ejji k'ičo/ (v.) coagulated for milk ወተት እንዲዘጋይ ተደርጓል
ejji qullo /ejji k'ullo/ (n.) jar serving for milking ወተት ለመጠጣት የሚያገለግል መጠጫ
ejjite /ejjite/ (v.) bore a whole መብሳት
ejo /ejo/ (v.) milk ወተት
ello /ello/ (v.) listen አዳምጥ
engeengille /engeengille/ (n.) chameleon እስስት
engengile /engengile/ (n.) chameleon እስስት
eppoo yeseyitan qocho /eppoo yeseyitan k'očo/ (n.) wild ensete የዱር እንሰት
eqqo /ek'k'o/ (n.) spirits መናፍስት
ereto /ereto/ (n.) loan ብድር
ero /ero/ (n.) carry on the back or on the arms ጀርባውን ወይም በክንዶቹን ይያዙ
erretete /erretete/ (v.) borrow ማበደር
ettino /ettino/ (n.) fluid cake of enset ቡላ

Kafinoonoo-English-ዐማርኛ Dictionary

G g

gaʔete /gaʔete/ (v.) be asleep ተኛ
gaʔi wocco /gaʔi woččo/ (v.) turning over objects እቃን ግዑዝ ነገርን መገልበጥ
gaʔo /gaʔo/ (v.) go to sleep ተኛ
gaʔo /gaʔo/ (locat.) side ጎን
gaa /gaa/ (pron.) where የት
gaabero /gaabero/ (n.) seat መቀመጫ
gaabireʔo /gaabireʔo/ (v.) remind አስታውስ
gaabo /gaabo/ (n.) objective ዓላማዊ
gaabo /gaabo/ (n.) thick cloth ወፍራም ጨርቅ፣ ጋቢ
gaacho /gaačo/ (n.) benediction ማበረታቻ
gaachoo /gaačoo/ (n.) a measurement for land, shield ጋሻ
gaaddafo /gaaddafo/ (n.) door (way) በር (መንገድ)
gaadi kuuro /gaadi kuuro/ (n.) wild ass የዱር አህያ
gaafo /gaafo/ (n.) man's of cloth የሰው ልጅ ጨርቅ
gaaho /gaaho/ (n.) buffalo, cape ጎሽ
gaaho /gaaho/ (v.) split ተከፋፍሏል
gaajitiyo /gaajitiyo/ (v.) argue (to compete) መከራከር (ለመወዳደር)
gaajo /gaajo/ (n.) back of the neck የአንገት ጀርባ
gaakite /gaakite/ (v.) cut in two ለሁለት መከፈል
gaakko /gaakko/ (n.) cheek ጉንጭ
gaamini goammo /gaamini goammo/ (n.) wide, path ሰፊ፣ መንገድ
gaamino /gaamino/ (n.) wide ሰፊ

Kafinoonoo-English-አማርኛ Dictionary

gaamino /gaamino/ (v.) wide, be ሰፊ
gaamo /gaamo/ (v.) have fever ትኩሳት
gaamo /gaamo/ (n.) jaw መንጋጋ
gaando /gaando/ (n.) hip ጭን
gaaneci tuno /gaaneči tuno/ (v.) prosper ሀብታም መሆን
gaaneco tuno /gaanečo tuno/ (n.) prosperity ብልጽግና
gaano /gaano/ (n.) property ንብረት
gaano /gaano/ (n.) wealth, habit ሀብታም፣ ልማድ
gaao /gaao/ (v.) lie down ጋደም ማለት
gaar mixo /gaar mit'o/ (n.) wet wood እርጥብ እንጨት
gaara meeno /gaara meeno/ (n.) raw meat ጥሬ ስጋ
gaare gijjo /gaare gijjo/ (n.) animal, domestic የቤት እንስሳ
gaare gijjo /gaare gijjo/ (n.) domestic animal የቤት እንስሳ
gaariyo /gaariyo/ (v.) filter by sifting በማጣሪያ ማጣራት
gaaro /gaaro/ (n.) the first milk of a cow እንገር
gaaro /gaaro/ (n.) wedding ሰርግ
gaaroo /gaaroo/ (n.) raw ጥሬ
gaashe dollo /gaaše dollo/ (n.) heap of Teff የጤፍ ክምር
gaashi /gaaši/ (n.) measles ኩፍኝ
gaasho /gaašo/ (n.) corner ጥግ
gaataaxo /gaataat'o/ (n.) LGV lymphogranuloma venerium ባምቡሌ
gaato /gaato/ (n.) breast of killed animal የሞተ እንስሳ ጡት
gaato /gaato/ (n.) corner ጥግ

Kafinoonoo-English-ዐማርኛ Dictionary

gaaxo /gaat'o/ (n.) branch ቅርንጫፍ
gaaxo /gaat'o/ (v.) uncover ይፋ
gaayo /gaayo/ (v.) cheat አታላይ፣ መስረቅ
gaayo /gaayo/ (n.) light colored ፈዛዛ ቀለም
gabbero /gabbero/ (n.) stool በርጩማ
gabbeto /gabbeto/ (n.) egg እንቁላል
gabere shuno /gabere šuno/ (v.) make a sit መቀመጥ
gabiko /gabiko/ (v.) leave መውጣት
gabiyu /gabiyu/ (n.) market ገበያ
gacco /gaččo/ (n.)(v.) shield ጋሻ
gachaachino /gačaačino/ (n.)(v.) rage ንዴት ቁጣ
gachachino /gačačino/ (v.) rage, be መቆጣት
gachcho /gaččo/ (v.) despise, to መናቅ፣ ማንቋሸሽ
gachcho /gaččo/ (v.) satisfied ተደስቷል
gacho /gačo/ (n.) large ትልቅ
gacho /gačo/ (v.) satisfied ተደስቷል
gacho /gačo/ (n.) cactus ቁልቋል
gaddo /gaddo/ (n.) plain field ግልጥ ሜዳ
gafeto /gafeto/ (n.) wooden circular trey ገበቴ (የእንጨት)
gafo /gafo/ (n.) village መንደር
gagere busho /gagere bušo/ (n.) child, not walking ልጅ፣ መራመድ ያልጀመረ፣ የማይራመድ
gaho /gaho/ (v.) split ተከፈለ
gajaro /gajaro/ (n.) machete ገጀራ
gajitete /gajitete/ (v.) bet መወራረድ
gajjito /gajjito/ (n.) bet ውርርድ
gajjiye /gajjiye/ (v.) steal መስረቅ
gajjo /gajjo/ (n.) nape አፍንጫ

Kafinoonoo-English-ዐማርኛ Dictionary

gakko /gakko/ (n.) jaw bone የመንጋጋ አጥንት
gallo /gallo/ (n.) camel ግመል
gambeko /gambeko/ (n.) net ወጥመድ
gaminona /gaminona/ (n.) deep widely ጥልቀት ያለው [በሰፊው]
gammo /gammo/ (n.) molar መንጋጋ
gamo /gamo/ (n.) hot ሙቀት
ganamo /ganamo/ (v.) help one another መረዳዳት
ganda /ganda/ (v.) cane አገዳን
gangite /gangite/ (n.) become red for coffee ቡና ሲበስል ቀይ ቡና
ganna /ganna/ (n.) cane አገዳ
gano /gano/ (n.) rich ሀብታም
gariafo /gariafo/ (n.) berry (fruit) እንጆሪ (ፍሬ)
garoo /garoo/ (n.) Rubus studneri, a climber የሐረግ ዓይነት
garrete /garrete/ (v.) mild drink መለስለስ (ሊጋ) ለመጠጥ
garrisho /garrišo/ (n.) burb ብስና
gashe hindo /gaše hindo/ (v.) clean the teeth ጥርስ መፋቅ
gashenaʔo /gašenaʔo/ (n.pl.) teeth ጥርሶች
gashgishiye /gašgišiye/ (n.) crow of a horse, donkey ማናፋት ፈረስ፣ አህያ
gasho /gašo/ (v.) to drive መንዳት
gasho /gašo/ (n.) tooth ጥርስ
gashoo /gašoo/ (n.) roar ጩኸት
gashshe yophpho /gašše yop'p'o/ (v.) clean the teeth ጥርስ መፋቅ
gashshite /gaššite/ (n.) belch ግሳት

38

Kafinoonoo-English-ዐማርኛ Dictionary

gashsho /gaššo/ (n.) teff ጤፍ
gatiye /gatiye/ (n.) price ዋጋ
gatiyo /gatiyo/ (n.) cost, price ዋጋ፣ ዋጋ
gato /gato/ (n.) ox በሬ
gato /gato/ (n.) work ሥራ
gaweto /gaweto/ (n.) good ጥሩ
gawiciane gooqo /gawičiane gook'o/ (v.) hide not worked well ያልለፋ ቆዳ
gawwete /gawwete/ (v.) good, be ጥሩ፣ መሆን
gaxo /gat'o/ (n.) chin አገጭ
gayiro /gayiro/ (v.) carve መቅረፅ
gayiro /gayiro/ (n.) for sharpening ለመሞረድ
gayiroo /gayiroo/ (n.) for sharpening ለመሞረድ
gayiroo /gayiroo/ (n.) lehote ለሆቴ
gayoo /gayoo/ (v.) cheat መስረቅ፣ ማታለል
gayyo /gayyo/ (n.) thief ሌባ
gechachiniyo /gečačiniyo/ (v.) upset መበሳጨት
gecheco /gečečo/ (n.) proud ኩራት
gechoo /gečoo/ (n.) pride ኩራት
geco /gečo/ (n.) Desmodium repandum, a herb ፅፅ
gedo /gedo/ (n.) roll መንከባለል
geecheco tuno /geečečo tuno/ (v.) proud, be ኩሩ መሆን፣ መኩራት
geeco /geečo/ (v.) drag መጎተት
geecoo /geečoo/ (v.) pull መሳብ
geedite /geedite/ (v.) add ingredients to a dish ቅመማ ቅመም መጨመር
geedo /geedo/ (v.) bounce መፍረጥ

Kafinoonoo-English-ዐማርኛ Dictionary

geelletete /geelletete/ (v.) acknowledge እውቅና ስጥ
geemo /geemo/ (n.) basket for eating ቅርጫት የሙብያ ገቢታ
geemo /geemo/ (n.) fire place ምድጃ
geemo /geemo/ (n.) fire stones ጉልቻ
geendo /geendo/ (n.) bee hive የንብ ቀፎ
geene /geene/ (n.) old woman አርጊት
geene giijo /geene giijo/ (n.) grey (animal) ግራጫ (እንስሳ)
geenete /geenete/ (v.) arbitrate መፍረድ
geenetino /geenetino/ (n.) old age የዕድሜ መግፋት
geengib /geengib/ (v.) tether ጠጠር ማሽከርከር
geenje deego gumbo /geenǰe deego gumbo/ (n.) support stick መቆሚያ
geenje gommo hammo /geenǰe gommo hammo/ (n.) a long way ረዥም መንገድ
geenje mocho /geenǰe močo/ (n.) long grass ረዥም ሣር
geenjite /geenǰite/ (n.) long, be መርዝም
geenjiyo /geenǰiyo/ (v.) lengthen ማራዘም
geenjo /geenǰo/ (n.) long ረጅም
geenjona /geenǰona/ (n.) at length በረጅም
geenne /geenne/ (n.) lady እመቤት
geephillite /geep'illite/ (v.) be sleepy ተኛ
geepo /geepo/ (locat.) up ወደላይ
geesho /geešo/ (n.) bag, sack ቦርሳ፣ ስልቻ
geeto /geeto/ (n.) chest ደረት
gejje mocho /geǰǰe močo/ (n.) grass, fresh ሣር፣ እርጥብ
gejjo /geǰǰo/ (n.) lake ሐይቅ

40

Kafinoonoo-English-ዐማርኛ Dictionary

gembekkoo /*gembekkoo*/ (n.) trap, ground trap made from wood ወጥመድ፣ ርብራብ
gemmo /*gemmo*/ (n.) three stones for hearth ሦስት ጉልቻ
gengexxo /*genget't'o*/ (n.) snail ቀንድ አውጣ
gengexxoo /*genget'oo*/ (n.) snail ቀንድ አውጣ
gengo /*gengo*/ (n.) a cultural sport of Kafa, corbo, spear, stick throwing to a ring ጦር፣ ዱላ ውርወራ ቀለበት ውስጥ ለማስገባት
genjo /*genjo*/ (n.) tall, high ረዥም፣ ከፍታ
geppace /*geppače*/ (n.) frog እንቁራሪ (ጌሻ እና ጪና ወረዳዎች)
geppece /*geppeče*/ (n.) frog እንቁራሪቶች (በሁሉም) ወረዳዎች
geshi ato /*geši ato*/ (n.) pea –dry አተር
geto /*geto*/ (v.) say, to ማለት
gettiye /*gettiye*/ (v.) tell መናገር
geyyo /*geyyo*/ (v.) mad, be ማበድ
gibeno /*gibeno*/ (v.) hope, to ተስፋ ማድረግ
gichcho /*gičč'o*/ (n.) land slide የመሬት መንሸራተት፣ ናዳ
gidee macc tunno /*gidee mačč tunno*/ (n.) step እርምጃ
gidide /*gidide*/ (n.) miss የጠፋ
gifiro /*gifiro*/ (n.) evening, meal ምሽት፣ ምግብ
gifo /*gifo*/ (n.) of bamboo የቀርከሃ ዛፍ
giibe /*giibe*/ (v.) come in! ግባ!
giibenehe /*giibenehe*/ (v.) adorn (God) ማክበር (አምላክን)
giibeno /*giibeno*/ (v.) sure እርግጠኛ ነኝ
giicho /*giičo*/ (v.) to be encircled መከበብ

Kafinoonoo-English-አማርኛ Dictionary

giiddo /giiddo/ (v.) reach, approach መድረስ፣ መጠጋት
giideyo /giideyo/ (v.) close, be መጠጋት
giido /giido/ (n.) force ኃይል
giidon /giidon/ (n.) power ኃይል
giidoona /giidoona/ (conj.) by በ
giidoona qoppho /giidoona k'opp'o/ (v.) Giving instructions that are to be obeyed መመሪያ ሊሰጥ የሚገባ መመሪያ መስጠት
giigesho /giigešo/ (n.) hard firm ground ጠንካራ መሬት
giijo /giijo/ (n.) beads ጨሌ፣ ዶቃ
giijoo /giijoo/ (locat.) in ውስጥ
giimbo /giimbo/ (n.) pillar ምሰሶ
giini adero /giini adero/ (n.) army ሠራዊት
giino /giino/ (v.) slip through, to መንሸራተት
giino /giino/ (v.) slippery የሚያንሸራትት
giino /giino/ (v.) slippery, be ማዳለጥ
giino /giino/ (n.) spear ጦር
giipo /giipo/ (n.) bee wax (film, floating) ሰፈፍ የማር
giippo /giippo/ (n.) bee wax ሰም
giireco /giirečo/ (n.) poor ደካማ
giisheco /giišečo/ (n.) some ጥቂት
giishetto /giišetto/ (v.) less, be ያነሰ፣ መሆን
giishingo /giišingo/ (n.) butcher ሥጋ ቆራጭ
giisho /giišo/ (v.) encircle መክበብ
giixo /giit'o/ (v.) trade መነገድ
giiyo /giiyo/ (n.) pus መግል
gijjiye /gijjiye/ (n.) sick በሽተኛ
gijjo /gijjo/ (n.) money ገንዘብ

42

Kafinoonoo-English-ዐማርኛ Dictionary

gimboo /gimboo/ (n.) central pillar ምሰሶ
gimo /gimo/ (v.) go in, enter ወደ ውስጥ መግባት
ginno /ginno/ (v.) crawl መዳህ
giraaro /giraaro/ (n.) fenugreek አብሽ
girritino /girritino/ (n.) misery መከራ
gishecho /gišečo/ (n.) little ትንሽ
gisheeco /gišeečo/ (n.) small ትንሽ
gisho /gišo/ (v.) drive(animals),to መንዳት (እንስሳት)
gixeco /git'ečo/ (n.) merchant ነጋዴ
giyo /giyo/ (n.) neighbor ጎረቤት
gobbo /gobbo/ (n.) red ቀይ
gobo /gobo/ (n.) sward bean, cow pen አደንጓሬ
gocce tishoo /gočče tišoo/ (n.) cultivated land የታረሰ መሬት
gocciyo /gočhčiyo/ (n.) displace ማፈናቀል
gochetone /gočetone/ (v.) it was cultivated ታርሷል
gocho /gočo/ (n.) cultivated (for land) meters መታረስ
goddo /goddo/ (n.) Artemisia afra (African wormwood) አሪቲ
godo /godo/ (n.) floor ወለል
goge gijjo /goge gijjo/ (n.) in common በጋራ
goggiyo /goggiyo/ (n.) comforting (e.g., in times of mourning) ማጽናኛ (ለምሳሌ፣ ለሐዘን ጊዜ)
gogi beto /gogi beto/ (n.) hot tasting, extreme የሚያቃጥል፣ ጽንፍ
gogo /gogo/ (n.) shoulder ትከሻ
gombero /gombero/ (n.) oats አጃ
gomme akkasho /gomme akkašo/ (n.) black, large

Kafinoonoo-English-ዐማርኛ Dictionary

ጥቄር ትልቅ

gommeʔo /gommeʔo/ (n.) hippopotamus ጉማሬ
gommo /gommo/ (n.) claw ጥፍር
gonda /gonda/ (n.) bad መጥፎ
gonde qexxo /gonde k'et't'o/ (v.) ill feeling መጥፎ ስሜት መሰማት
gonde shelligo /gonde šelligo/ (v.) ill feeling መጥፎ ስሜት መሰማት
gondeeco /gondeečo/ (n.) of human የሰው
gondiyace /gondiyače/ (n.) passage ምንባብ (በመጽሐፉ ውስጥ)
gondo /gondo/ (n.) evil, bad ክፉ፣ መጥፎ
gonenoo /gonenoo/ (n.) throat ጉሮሮ (የምግብ)
gonenoo /gonenoo/ (n.) sheath, knife-bag አፎት
gooceco /goočečo/ (n.) cultivator አራሽ
goodo /goodo/ (n.) baboon, species ዝንጀሮ፣ የተለያዩ ዝርያዎች
goojjo /goojjo/ (v.) make a heavy breathe ከባድ መተንፈስ
goomidano /goomidano/ (n.) meeting of the road የመገናኛ መንገድ
goominyo /goominyo/ (v.) chose መረጠ
goomo /goomo/ (n.) calves ጥጃዎች
goondo /goondo/ (n.) bad መጥፎ
goongo /goongo/ (n.) back part የጀርባው ክፍል
goopiye shunne /goopiye šunne/ (n.) mosquito ትንኛ
gooqe gaaxo /gook'e gaat'o/ (v.) skin off, skin removing ቆዳ ገፏል
gooqo /gook'o/ (n.) skin ቆዳ
gooto /gooto/ (adj.) large for storage ለትልቅ ማከማቻ

Kafinoonoo-English-ዐማርኛ Dictionary

goqo /gok'o/ (n.) leather ቆዳ
goqqe kucho /gok'k'e kučo/ (n.) hide ደብቅ
gorechoo /gorečoo/ (n.) keloose ቱሊት፣ የድንጋይ ሐከምና
goripho /gorip'o/ (v.) pierce ሙብሳት
goroo /goroo/ (n.) duration, time ቆይታ፣ ጊዜ
goroollisne /goroollisne/ (n.) rabbit ጥንቸል
gorro /gorro/ (n.) bark of a tree የዛፍ ቅርፊት
gorro /gorro/ (n.) time ጊዜ
gotto /gotto/ (n.) grain store የጥራጥሬ ንተራ ፣ መደብር
goye shobo /goye šobo/ (n.) farm field የእርሻ መስክ
goyo /goyo/ (n.) farm, plough እርሻ፣ ማረሻ
goyo /goyo/ (v.) he cultivated ማረሰ
goyo /goyo/ (n.) square (garden) ካሬ (መናፈሻ)
goyyo /goyyo/ (n.) farm እርሻ
goyyo /goyyo/ (v.) plough ማረስ
gubbich /gubbič/ (n.) future tense marker የወደፊት ጊዜ አመልካች
gubbich /gubbič/ (n.) prophesy ትንቢት
gubbo /gubbo/ (n.) back of the body ጀርባ
gubo /gubo/ (n.) basket ቅርጫት
gucce mano /gučče mano/ (n.) younger ወጣት
gucce mano /gučče mano/ (n.) younger brother ታናሽ ወንድም
guccino /guččino/ (n.) thorn አማኬላ
guch ayyo /guč ayyo/ (v.) gurgle መጉመጥመጥ
gucho /gučo/ (v.) gurgle መጉመጥመጥ
guddifoo /guddifoo/ (n.) temperate zone ወይና ደጋ
guddii /guddii/ (n.) July ሀምሌ

Kafinoonoo-English-ዐማርኛ Dictionary

gudico /*gudičo*/ (n.) earring የጆሮ ጌጥ
gudino /*gudino*/ (n.) pig አሳማ
gudo /*gudo*/ (n.) round ክብ
gufo /*gufo*/ (v.) boil ማፍላት (አጢቃላይን)
gufo /*gufo*/ (n.) grains boiled in water በጥራጥሬዎች ውስጥ
gugite /*gugite*/ (v.) beat መምታት
gumbo /*gumbo*/ (n.) tribe ጎሳ
gummo /*gummo*/ (n.) dream, a ህልም
gummo /*gummo*/ (n.) sky ሰማይ
gumo /*gumo*/ (v.) dream ማለም
gumo /*gumo*/ (n.) dream ህልም
gumo /*gumo*/ (n.) road, path መንገድ፣ ጎዳና
gumo /*gumo*/ (n.) trap, a ወጥመድ
gunee /*gunee*/ (n.f) slave አገልጋይ፣ ባሪያ
gungo /*gungo*/ (n.) barley, roasted ገብስ፣ የተጠበሰ ቆሎ
gunguruch /*gunguruč*/ (v.) gurgle መጉመጥመጥ
gunoo /*gunoo*/ (n.m) slave ባሪያ (ወንድ)
guppite /*guppite*/ (v.) boil extremely በጣም መቀቀል
guppo /*guppo*/ (v.) to be boiled መፍላት
gurmasho /*gurmašo*/ (n.) adult, mature ጎልማሳ፣ የበሰለ
gurmasho /*gurmašo*/ (n.) young man ወጣት
guro /*guro*/ (n.) perfume ሽቶ
gutte ballo /*gùtté bàlló*/ (num.) two hundred ሁለት መቶ
gutte bella /*gutte bella*/ (num.) two hundred ሁለት መቶ
gutte humo /*gùtté hùmó*/ (num.) two thousand ሁለት ሺ
gutteno /*gutteno*/ (n.) knee ጉልበት
gutteshabatto /*guttešabatto*/ (n.) fortnight ሁለት ሳምንት

Kafinoonoo-English-ዐማርኛ Dictionary

gutti deg /*gutti deg*/ (n.) middle, center መካከለኛ፤ ማእከል

guttini afo /*guttini afo*/ (n.) knee cap የጉልበት ካስ

guttino /*guttino*/ (v.) kneel to; crawl to መንበርከክ፤ መዳህ

gutto /*gutto*/ (num.) two ሁለት

gutto daaki /*gutto daaki*/ (part) also እንዲሁም

guttoo /*gùttòó*/ (num.) two ሁለት

guuba /*guuba*/ (locat.) after, behind በኋላ፤ ከኋላ

guubena /*guubena*/ (locat.) after, behind በኋላ፤ ከኋላ

guubena /*guubena*/ (n.) behind ከኋላ

guuda xaa'o /*guuda t'aa'o*/ (n.) dirty place ቆሻሻ ቦታ

guuddoc keeyo /*guuddoč keeyo*/ (v.) climb, to ወደላይ፤ መውጣት ማሻቀብ

guude gawo /*guude gawo*/ (n.) environs አካባቢው

guudi shaago /*guudi šaago*/ (n.) over በላይ

guudifo /*guudifo*/ (n.) temperate zone ወይና ዶጋ

guudo /*guudo*/ (n.) around ዙሪያ

guudo /*guudo*/ (n.) compound ግቢ

guudo /*guudo*/ (n.) mountain ተራራ

guudo /*guudo*/ (n.) surround በዙሪያው

guudo /*guudo*/ (v.) to encircle መዞር

guufo /*guufo*/ (v.) flipping መገልበጥ

guumbo /*guumbo*/ (n.) stick በትር

guunbo /*guunbo*/ (n.) knee for leg ጉልበት (ለእግር)

guupo /*guupo*/ (n.) bow ቀስት

guuqoo /*guuk'oo*/ (v.) murmur, oppose ማጉረምረም፤ መቃወም

guuranno /*guuranno*/ (n.) Adam's apple ማንቁርት

guuro /*guuro*/ (n.) slaughter ማረድ
guusho /*guušo*/ (n.) unfermented ያልፈላ
guxo /*gut'o*/ (n.) limp አንካሴ
guxoo /*gut'oo*/ (n.) staff, cane or stick አንካሴ

H h

ha?iyo /*ha?iyo*/ (v.) can ሊሆን ይችላል
haachi toomonaa yarrallo /*haači toomonaa yarrallo*/ (n.) surf መቃኘት፣ ማሰስ፣ ምውጠቅ
haado /*haado*/ (n.) count ቆጠራ
haado /*haado*/ (n.) number ቁጥር
haajo /*haaǰo*/ (n.) property ንብረት
haakiyee /*haakiyee*/ (v.) able, be ሊሆን መቻል
haalo /*haalo*/ (v.) make ማከናወን
haanaatoo /*haanaatoo*/ (n.) falls ፏፏቴ
haanac /*haanač*/ (n.) today ዛሬ
haando /*haando*/ (n.) of a horse የፈረስ
haano /*haano*/ (n.) wax ሰም
haatto /*haatto*/ (n.) goiter እንቅርት
haawo /*haawo*/ (n.) throat ጉሮሮ
haawutto /*haawutto*/ (v.) yawn, to ማዛጋት
hacho /*hačo*/ (v.) to be soaked መዘፍዘፍ
hach?o /*hač'o*/ (v.) soak, to መዘፍዘፍ
haddo /*haddo*/ (v.) count, to መቀጠር
haggi /*haggi*/ (n.) Digitari abyssinica, a grass type የሣር ዓይነት

Kafinoonoo-English-ዐማርኛ Dictionary

hajjiye qayyo /*hajjiye k'ayyo*/ (v.) disobey አለመታዘዝ
hajjiyo /*hajjiyo*/ (v.) obey መታዘዝ
hajjo /*hajjo*/ (v.) order ማዘዝ
hajjowan /*hajjowan*/ (v.) order (buy) ዐዘዘ (ገዛ)
hakkoo /*hakkoo*/ (n.) power, stamina አቅም
hallaaroo /*hallaaroo*/ (n.) serval (leptailurus serval) አነር
hallo /*hallo*/ (v.) create መፍጠር
hammo /*hammo*/ (n.) down ታች
hammo /*hammo*/ (v.) go, to መሄድ
hammo /*hammo*/ (pron.) what? ምንድን?
hammon daabiyo /*hammon daabiyo*/ (locat.) on ቢ
hamo /*hamo*/ (v.) to go ለመሄድ
hanaaac /*hanaaač*/ (adv) today, this day ዛሬ
haqqe qaro /*hak'k'e k'aro*/ (n.) soft call የሹክሹክታ ጥሪ
haqqo /*hak'k'o*/ (n.) cheek ጉንጭ
harashe tophiyo /*haraše top'iyo*/ (n.) a cultural sport of Kafa, horse race ፈረስ እሽቅድድም
hareshe topheyo /*hareše top'eyo*/ (n.) wild game የጫካ ጨዋታ
haresho /*harešo*/ (n.) horse for human beings የኮርቻ ፈረስ
harre ya?oc /*harre ya?oč*/ (n.) early morning ማለዳ
harro /*harro*/ (n.) dawn ንጋት
hawuto /*hawuto*/ (v.) yawn ማዛጋት
hayyi beedufo /*hayyi beedufo*/ (v.) ambush አድፍጦ ማጥቃት
heeccatoo /*heeččatoo*/ (n.) tooth gap ፍንጭት

Kafinoonoo-English-ዐማርኛ Dictionary

heecoo /heečoo/ (n.) quarter rub ሩብ
heelloo /heelloo/ (n.) colobus monkey ጉሬዛ
heennoo /heennoo/ (n.) bladder ፊኛ
heeno /heeno/ (n.) bladder ፊኛ
heerawo /heerawo/ (n.) glass መስተዋት
heereco /heerečo/ (v.) try, attempt መሞከር
heerrawo /heerrawo/ (n.) mirror መስታወት
hekkello /hekkello/ (n.) limp አጋር [አንካሳ]
hekkelo /hekkelo/ (v.) lame, be ማነከስ
henoo /henoo/ (n.) short አጭር
hero /hero/ (adj.) short-tempered, a person with fiery language ትንታግ
hexxiyo /het't'iyo/ (v.) sneeze ማስነጠስ
hichcheto /hiččeto/ (n.) for stirring stew ማማሰያ
hichcho /hičco/ (n.) filter beer ፊልተር ጠላ
hicho /hičo/ (n.) a lament for a funeral ሙሾ
hicho /hičo/ (v.) close መዝጋት
hicho /hičo/ (v.) to be closed መዘጋት
hicho /hičo/ (v.) singing ሂቾን መዘፈን
hich'o /hič'o/ (v.) to close መዝጋት
hidoo /hidoo/ (v.) to sweep መጥረግ
hidoo /hidoo/ (v.) wipe መጥረግ
hiichcho /hiiččo/ (v.) squeeze መጭመቅ
hiicho /hiičo/ (n.) button አዝራር
hiido /hiido/ (v.) wipe አጥፉ
hiidoo /hiidoo/ (v.) sweep! መጥረግ
hiililo /hiililo/ (n.) puppy ቡችላ
hiillo /hiillo/ (n.) arm ክንድ

Kafinoonoo-English-አማርኛ Dictionary

hiilo /hiilo/ (n.) elbow ክርን
hiinno /hiinno/ (n.) steam እንፋሎት
hiino /hiino/ (pron. (addr.) you አንተ
hiipero /hiipero/ (n.) worm ትል
hiiro /hiiro/ (n.) arm ክንድ
hiiro /hiiro/ (v.) measure with arm በክንድ መለካት
hijaa guttoo /híjàà gùttòó/ (num.) twenty-two ሃያ ሁለት
hijaa ʔikko /híjàà ʔíkkò/ (num.) twenty-one ሃያ አንድ
hijooꞌ hiyo /hìjòó ꞉ hiyo/ (num.) twenty ሃያ
hilloo /hilloo/ (n.) footprint ዱካ
hinare /hinare/ (pron.sg) this ይሄ
hini /hini/ (pron.) here እዚህ
hinni /hinni/ (pron.sg) this ይሄ
hinnoshi /hinnoši/ (pron.pl) these እነዚህ
hipparoo /hipparoo/ (n.) worm ትል (ጌሻ እና ጨዬና)
hipperoo /hipperoo/ (n.) worm ትል (ሁሉም ,ว)
hirio /hirio/ (v.) build ምሽግ መገንባት
hitte oyo /hitte oyo/ (v.) scrape መፋቅ
hixxo /hit't'o/ (v.) pull (once) hair መንቀል(አንድ ጊዜ) ፀጉርን
hiyaa awuddo /híjàà áwùddò/ (num.) twenty-four ሃያ አራት
hiyaa keemo /híjàà kèèmó/ (num.) twenty-three ሃያ ሦስት
hiyaa shabaattoo /híjàà šábààttòó/ (num.) twenty-seven ሃያ ሰባት
hiyaa shimittoo /híjàà šímìttòó/ (num.) twenty-eight ሃያ ስምንት

Kafinoonoo-English-ዐማርኛ Dictionary

hiyaa shirittoo /híjàà šírìttòó/ (num.) twenty-six ሃያ ስድስት

hiyaa yiixijoo /híjàà jììt'ijòó/ (num.) twenty-nine ሃያ ዘጠኛ

hiyaa ʔuuchchoo /híjàà ʔùùččòó/ (num.) twenty-five ሃያ አምስት

hiyya /híyya/ (num.) twenty ሃያ

hollibe /hollibe/ (v.) come ና!

honnehite /honnehite/ (n.) news ዜና

hoocho /hoočo/ (n.) grass new ለምለም ሣር

hoogo /hoogo/ (v.) make a way, cave in the ground በመሬት ውስጥ ውስጡን አዘጋጁ

hookoo /hookoo/ (n.) for church ለቤተ ክርስቲያን

hoomeyoo /hoomeyoo/ (v.) be humid and hot መወበቅ

hoomoo /hoomoo/ (v.) be humid and hot መወበቅ

hooto /hooto/ (n.) hole ጉድጓድ

horo /horo/ (n.) the traditional clothes made from leather ከቆዳ የተሠሩ ጥንታዊ ልብሶች

hotecco /hotečřo/ (v.) blunt ፋት ለፋት ይፋ

hoto /hoto/ (v.) make a hole, to pierce መብሳት

hottiye /hottiye/ (v.) pierced , be የተወጋ፣

hoxehe /hot'ehe/ (v.) blunt ፋት ለፋት ይፋ

hoxo /hot'o/ (v.) to despise, to degrade መናቅ፣ ማንቋሸሽ

hoxxeco /hot't'ečo/ (n.) observer ታዛቢ

hoxxo /hot't'o/ (v.) despise, to መናቅ፣ ማንቋሸሽ

huco /hučo/ (v.) peel, to መላጥ

hugo /hugo/ (v.) blow, to መንፋት

Kafinoonoo-English-ዐማርኛ Dictionary

hukkecco /*hukkeččo*/ (n.) noisy (children) ጩኸት (ልጆች)
hukko /*hukko*/ (n.) pestle for enset butt grinding የእንሰት ሥር መውቀጫ የእንጨት ዘነዘና
hullo /*hullo*/ (n.) empty ባዶ
hulloo /*hulloo*/ (n.) chaff ገለባ
humo /*hùmó*/ (num.) thousand ሺ
huphphico /*hup'p'ičo*/ (n.) extractor, picker አውጪ
huqicho /*huk'ič'o*/ (n.) Physlis peruviana, a herb ዕፅ
hushsho /*huššo*/ (v.) off መኮብለል፣ ጠፍቷል
huucho /*huučo*/ (v.) peel መላጥ
huugite /*huugite*/ (v.) blow መምታት
huuma /*huuma*/ (num.) thousand ሺ
huuto /*huuto*/ (v.) anoint (oil) መቀባት
huutto /*huutto*/ (n.) cotton ጥጥ

I i

icco /*iččo*/ (v.) bore a whole መብሳት
icho /*ičo*/ (v.) given, be መሰጠት
ihatigi yaano /*ihatigi yaano*/ (n.) except for ከ -... በስተቀር
iibbo /*iibbo*/ (n.) guest እንግዳ
iibee /*iibee*/ (v.) saying (being) አባባል፣ ሁነት
iibeereco /*iibeerečo*/ (n.) truth እውነት
iibeero /*iibeero*/ (n.) true እውነት
iibo /*iibo*/ (n.) of cattle የከብቶች
iicco /*iiččo*/ (v.) spread, to ማስፋፋት

Kafinoonoo-English-አማርኛ Dictionary

iicho /iičo/ (n.) rat አይጥ

iicibo /iičibo/ (n.) milk of two months ሁለት ወር ታልቦ ያልተቀመሰ ወተት

iihato /iihato/ (n.) discussion ውይይት

iiji beto /iiji beto/ (v.) painful, be ማመም

iijite /iijite/ (v.) dig a hole ጉድጓድ መቆፈር

iikiyo /iikiyo/ (v.) purge ማጽዳት

iiko /iiko/ (v.) disappear for the time being ለጊዜው መጥፋት

iilaʔo /iilaʔo/ (n.) spatula መሰቅሰቂያ

iilaaʔo /iilaaʔo/ (n.) anus ፊንጢጣ

iimiro /iimiro/ (v.) enjoy play, pleased, be dance መዝናናት፣ መደሰት

iimishe /iimiše/ (n.f) female goat ሴት ፍየል

iimisho /iimišo/ (n.) goat ፍየል

iinana /iinana/ (v.) saying like this እንደዚህ

iindifo /iindifo/ (n.) bell for the cattle, cow ቃጭል ለከብት፣ ለላም

iindo /iindo/ (n.) first cup of የመጀመሪያው ብርጭቆ

iinjo /iinjo/ (v.) assemble, unite መሰብሰብ፣ ማዋሃድ

iino /iino/ (n.) hot spring water ፍል ውሃ

iipero /iipero/ (n.) tape worm ኮሶ

iipete /iipete/ (v.) angry, become መበሳጨት

iipete /iipete/ (v.) be angry መቆጣት

iipeyo /iipeyo/ (n.) anger ቁጣ

iipiyo /iipiyo/ (v.) irritate ማስቆጣት

iipiyo /iipiyo/ (v.) upset ማበሳጨት

54

Kafinoonoo-English-ዐማርኛ Dictionary

iiriteton dego imo /*iiriteton dego imo*/ (v.) to help one in need ለተቸገሩት መርዳት

iishano /*iišano*/ (n.) beard ጢም

iishsho /*iiššo*/ (n.) debt of money የገንዘብ ዕዳ

iitoo /*iitoo*/ (n.) assembly ስብሰባ

iitoxhi /*iitot'hi*/ (pron.) you (pl) እርስዎ

iitti /*iitti*/ (pron.) you (res) እርስዎ (አክብሮት)

iiwoe acco /*iiwoe aččo*/ (n.) health (of body) ጤና (የሰውነት)

iiwoo /*iiwoo*/ (n.) calm sea የረጋ ባሕር

iiwwoo /*iiwwoo*/ (n.) health ጤና

iiyo /*iiyo*/ (v.) dig up መቆፈር

iiyo /*iiyo*/ (v.) plough ማረስ

iiyo /*iiyo*/ (v.) dig or dig up በአጢቃላይ መኮፍር ይቁሙ ወይም ይቁሙ

ijetto /*ijetto*/ (v.) pull (once) hair መንጨት (አንድ ጊዜ) ጠጉር

ikke kallo /*ikke kallo*/ (n.) once አንድ ጊዜ

ikke ufi mocho /*ikke ufi močo*/ (v.) take a handful (of a grass) ጭብጥ ሳር መውሰድ

ikkekallona /*ikkekallona*/ (n.) at once አንድ ጊዜ

ikkikkekallo /*ikkikkekallo*/ (n.) at time በጊዜ

ikkine tuno /*ikkine tuno*/ (v.) first, be መጀመሪያ፣ መሆን

ikko /*ikko*/ (num.) one አንድ

ila /*ila*/ (conj.) and እና

illachcho /*illaččo*/ (n.) spittle, saliva of baby የሕፃን ምራቅ (ለሃጭ)

immiccoo /*immiččoo*/ (n.) lean stick ልምጭ

Kafinoonoo-English-ዐማርኛ Dictionary

imo /*imo*/ (v.) give መስጠት
imo /*imo*/ (v.) inform መረጃ መስጠት
imo /*imo*/ (locat.) over በላይ
inde /*inde*/ (n.) mother እናት
inde asho /*inde ašo*/ (n.) important man አስፈላጊ ሰው
indeʔa /*indeʔa*/ (n.) all right እሺ
indecco /*indeččo*/ (n.) thumb አውራ ጣት
indeiyoo /*indeiyoo*/ (n.) uncle, paternal አጎት፣ በአባት በኩል
indemane /*indemane*/ (n.) maternal የእናቶች
indemane /*indemane*/ (n.) uncle, maternal አጎት በእናት በኩል
indiinde /*indiinde*/ (n.) grandmother maternal ሴት አያት በእናት በኩል
indiniho /*indiniho*/ (n.) grandfather maternal ወንድ አያት በእናት በኩል
inghae yaha /*inghae-yahà*/ (pron.) here እዚህ
injillato /*injillato*/ (n.) cup ጽዋ
injinjo /*injinjo*/ (n.) wasp ጢንዚዛ
ippiite /*ippiite*/ (v.) annoy ማበሳጨት
iqoyito /*ik'oyito*/ (v.) discussion of a secret መመሳጠር
iritoo /*iritoo*/ (n.) problem ችግር
irkaamo /*irkaamo*/ (n.) stirrup እርካብ
itto /*itto*/ (n.) stew ወጥ
ixano /*it'ano*/ (n.) incense ዕጣን

J j
jalbo /*jalbo*/ (n.) canoe ታንኳ

Kafinoonoo-English-ዐማርኛ Dictionary

K k

kaʔo /kaʔo/ (v.) to hang, to cross መስቀል
kaaccite /kaaččite/ (v.) boil food ምግብ ማብሰል
kaacco /kaaččo/ (v.) wipe , massage መፈተግ ለቆሎ
kaachite /kaačite/ (v.) bake መጋገር
kaacho /kaačo/ (v.) comb, to ማበጠር
kaacho /kaačo/ (v.) to choose መምረጥ
kaacite /kaačite/ (v.) boil ማፍላት
kaacite /kaačite/ (v.) boil food ማብሰል
kaafo /kaafo/ (v.) to wrap መጠቅለል
kaako /kaako/ (n.) cultural bread ሙልሙል
kaallo /kaallo/ (v.) turn መዞር
kaamo /kaamo/ (v.) upright, be ቀጥ ማለት፤ ቀጥ ያለ መሆን
kaamo /kaamo/ (n.) vertical ቀጥ ያለ
kaamoo /kaamoo/ (n.) straight በቀጥታ
kaapho /kaapʼo/ (v.) rip, tear, to መሽርከት
kaaro /kaaro/ (v.) dispute ክርክር
kaaro /kaaro/ (v.) quarrel ጥል
kaaro /kaaro/ (n.) quarrelling ግጭት
kaashiyo /kaašiyo/ (v.) put down አስቀምጥ
kaasho /kaašo/ (v.) breathe መተንፈስ
kaate /kaate/ (adv) quickly በፍጥነት
kaatine nuucco /kaatine nuučco/ (n.) intimate friend የቅርብ ጓደኛ
kaato /kaato/ (v.) snore, to ማንኮራፋት
kaato /kaato/ (n.) twin for roads መንታ ለመንገዶች

Kafinoonoo-English-ዐማርኛ Dictionary

kaattoo /kaattoo/ (n.) direction አቅጣጫ
kaawo /kaawo/ (n.) broom ብሩሽ
kaawo /kaawo/ (v.) red, be መቅላት
kaayo /kaayo/ (n.) play ጨዋታ
kaayo /kaayo/ (v.) play መጫወት
kaayo /kaayo/ (n.) prophecy ትንቢት
kaayo /kaayo/ (v.) Playing (discussions, sharing, relaxing talk that also includes joking) ጭውውቶች (ውይይቶች፣ ማጋራት፣ ዘና ለማለት ውይይት ያካትታል)
kacciane gooqo /kaččiane gook'o/ (n.) hide not crafted well በደንብ ያልለፋ ቆዳ
kaccoo /kaččoo/ (n.) straighten ቀጥ ማድረግ፣ መዘርጋት
kacho /kačo/ (v.) select መምረጥ
kafe /kafe/ (n.) bird ወፍ
kafe chero /kafe čero/ (n.) bird's tail የወፍ ጭራ
kafe kexo /kafe ket'o/ (n.) bird's nest የወፍ ጎጆ
kaffona /kaffona/ (v.) cover a book መጽሐፍ መሸፈን፣ መለበድ
kafo /kafo/ (v.) to call by hand be በእጅ መጥራት
kakko /kakko/ (v.) to be hanged መሰቀል
kalle moʔo /kalle moʔo/ (v.) turn መዞር ለአቅጣጫ
kambo /kambo/ (n.) drum ከበሮ
kaphoo /kap'oo/ (n.) comb, a ማበጠር
kaphpho /kap'p'o/ (v.) split መለያየት
kaphpho /kap'p'o/ (v.) take food to mouth ምግብን ወደ አፍ መውሰድ
kaqqiiye /kak'k'iiye/ (v.) hang, to (pass) መሰቀል

Kafinoonoo-English-ዐማርኛ Dictionary

karisho /karišo/ (n.) rough, sticky ሸካራማ፣ ተጣብቆ
kashe imo /kaše imo/ (v.) life to ህይወት ወደ
kashe xaʔo /kaše tʼaʔo/ (n.) landing place ማረፊያ ቦታ
kashiyoo /kašiyoo/ (n.) of a wall… የግድግዳ …
kasho /kašo/ (n.) breath እስትንፋስ
kasho /kašo/ (n.) old አርጌ
kasho /kašo/ (n.) rest እረፍት
kasho /kašo/ (v.) ripe, be መብሰል
kasho /kašo/ (v.) to breath መተንፈስ
kasho /kašo/ (n.) steering stick (refers to a pair of oxen) ማነቆ
kashshe gato /kašše gato/ (n.) team, pair of ቡድን፣ ጥንድ
kashsho /kaššo/ (n.) pair ጥንድ
katamo /katamo/ (n.) urban ከተማ
katenete /katenete/ (n.) near, be መቅረብ
katikate hammo /katikate hammo/ (adv) quickly በፍጥነት
katikate imo /katikate imo/ (adv) frequently በተደጋጋሚ
katine wote yiro /katine wote yiro/ (adv) temporary ጊዜያዊ
katineyo /katineyo/ (v.) close, be መቅረብ
katinona /katinona/ (locat.) near by አቅራቢያ
katinona /katinona/ (n.) soon በቅርቡ
kawo /kawo/ (n.) groom ሙሽራ
kecca afo /kečča afo/ (n.) roof (head house) ጣሪያ (የቤት ቤት)

Kafinoonoo-English-ዐማርኛ Dictionary

kecci genne /kečči genne/ (n.) mistress እመቤት
keccio /keččio/ (v.) dough, to make ቡሆ ማቡካት
kechite /kečite/ (v.) heat ሙቀት
kecho /kečo/ (v.) sold, be መሸጥ
kechoogoocoo /kečoogoočoo/ (n.) farm instrument ወገል
keci aho /keči aho/ (n.) hole for a house ጉድጓድ ለቤት
keco /kečo/ (v.) to be attracted, መማረክ
keecho /keečo/ (n.) gather ስብስብ
keecho /keečo/ (v.) gather, to መሰብሰብ
keecho /keečo/ (v.) press መጫን
keecho /keečo/ (v.) fell, chop down ቆርጦ መጣል
keeci asho /keeči ašo/ (n.) family ቤተሰብ
keefo /keefo/ (v.) remove, to ማስወገድ
keeja /keeǰa/ (num.) three ሦስት
keejino /keeǰino/ (num.) third ሶስተኛ
keejje humo /kèèddʒé hùmó/ (num.) three thousand ሦስት ሺሕ
keellesho /keelleǰo/ (n.) yellow color ቢጫ
keelleto /keelleto/ (v.) exit መውጣት
keemiyo /keemiyo/ (v.) prophase, to መተንበይ
keemo /keemo/ (v.) buy, sell መግዛት፤ መሸጥ
keemo /keemo/ (n.) prophecy ጥንቋላ፤ ትንቢያ
keemo /keemo/ (v.) prophesizing, telling past, present and future መተንበይ፤ መጠንቆል
keemoo /keemoo/ (n.) poem ግጥም
keemoo /kèèmó/ (num.) three ሦስት
keendo /keendo/ (n.) handle መያዣ

Kafinoonoo-English-ዐማርኛ Dictionary

keepho /keep'o/ (n.) press መጭኔን
keephoo /keep'oo/ (n.) grass long creeping ሙጃ
keesho /keešo/ (n.) gunny sack ስልቻ
keetiyo /keetiyo/ (v.) tear መቅደድ
keeto /keeto/ (n.) dew, wet ጤዛ፣ እርጥብ
keeto /keeto/ (v.) rip, tear መቅደድ
keexo /keet'o/ (n.) hole for cloth የጨርቅ ቀዳዳ
keeyi keele muchcho /keeyi keele muččo/ (v.) stuck, get መቀርቀር
keeyo /keeyo/ (v.) go out መውጣት
kekino /kekino/ (n.) yolk አስኳል
kekkino /kekkino/ (n.) yolk አስኳል
kellawudi /kellawudi/ (n.) October ጥቅምት
kelleshe /kelleše/ (n.) yellow ቢጫ
kelleto /kelleto/ (n.) door በር
kelli /kelli/ (n.) September መስከረም
kemo /kemo/ (v.) sell መሽጥ
keneesho /keneešo/ (n.) husband's brother የባል ወንድም-ዋርሳ
kenesho /kenešo/ (n.) husband's brother የባል ወንድም-ዋርሳ
keno /keno/ (n.) husband (cf. male) ባል (ወንድ)
keroo /keroo/ (n.) a type of bird ግንደ ቆርቁር
kesheto /kešeto/ (n.) man's of cloth ልብስ (የወንድ)
ketemo /ketemo/ (n.) town ከተማ
kexo /ket'o/ (n.) house ቤት
kexowoc /ket'owoč/ (n.) at home ቤት ውስጥ
kicco /kičćo/ (n.) collect መሰብሰብ

Kafinoonoo-English-ዐማርኛ Dictionary

kiho /kiho/ (n.) salt ጨው

kiichiye /kiičiye/ (v.) assemble, unite መሰባሰብ፣ ማዋሃድ

kiichiyo /kiičiyo/ (n.) assembly ስብሰባ

kiichiyo /kiičiyo/ (n.) gathering መሰብሰብ

kiico /kiičo/ (v.) take off ማውለቅ

kiiho /kiiho/ (n.) salt ጨው

kiijite /kiijite/ (v.) boil in water በውሃ መቀቀል

kiikite /kiikite/ (v.) acid, be መኮምጠጥ

kiikkero /kiikkero/ (n.) sour ኮምጣጣ

kiimo /kiimo/ (v.) to be last long መዝለቅ

kiindiyo /kiindiyo/ (v.) throw መወርወር

kiindo /kiindo/ (v.) descend, walk down መውረድ፣ ተዳፋት መኝዝ

kiindo /kiindo/ (locat.) down ታች

kiino /kiino/ (n.) garbage for body, cloth ቆሻሻ ለአካል፣ ጨርቅ

kiiyo /kiiyo/ (v.) cook ምግብ ማዘጋጀት

kikero /kikero/ (n.) soar ኮምጣጣ

kikito /kikito/ (n.) bitter መራራ

kimo /kimo/ (v.) to pass a river or similar obstacle መሻገር

kindiyo /kindiyo/ (v.) unload for human ሽክም ማውረድ

kinnite /kinnite/ (v.) dirty, be መቆሸሽ

kirayo /kirayo/ (n.) rent ኪራይ

kishet gochcho /kišet goččo/ (n.) pottery, broken pieces የሸከላ ዕቃዎች፣ ቁርጥራጮችን

kisho /kišo/ (n.) hand, arm እጅ፣ ክንድ

kishshi macco /kišši maččo/ (n.) wash hands እጆችን

Kafinoonoo-English-አማርኛ Dictionary

መታጠብ

kitaamito /*kitaamito*/ (n.) environs አካባቢው

kito /*kito*/ (v.) pour መቅዳት

kittoo /*kittoo*/ (n.) shirt ሽሚዝ

kixo /*kit'o*/ (v.) throw away መጣል፣ ማሽቀንጠር

koccite /*koččite*/ (v.) pierced be የተወጋ

kochcho /*koččo*/ (v.) insert message መልዕክት አስገባ

kochcho /*koččo*/ (v.) mend repair fence አጥርን መጠገን

kochilete /*kočilete*/ (v.) bolt መቆለፍ

kochiletete /*kočiletete*/ (v.) bolt መቆለፍ

kocho /*koco*/ (n.) cake, of enset ቆጮ

kocho /*koco*/ (n.) repair ጥገና

kokko /*kokko*/ (n.) straw ገለባ

kollaacho /*kollaaco*/ (n.) straddle ኮርቻ

kolle kexo /*kolle ket'o*/ (n.) a house for honey-moon የጫጉላ ቤት

kooco /*kooco*/ (pron.) whose የማን

koofo /*koofo*/ (v.) float መንሳፈፍ

koofo /*koofo*/ (n.) flow መፍሰስ

koojo /*koojo*/ (n.) plastic ፕላስቲክ

koojo /*koojo*/ (n.) small leather ትንሽ ቆዳ፣ ኮረጆ

kookoo /*kookoo*/ (n.) oral cavity አፍ

koone /*koone*/ (pron.) who ማን

koonin /*koonin*/ (pron.) whom ማንን

kooshoo /*koošoo*/ (n.) tape plant ኮሶ

kooto /*kooto*/ (n.) lie ውሸት

koottero /*koottero*/ (n.) farm instrument የመቆፈሪያ ዓይነት

63

Kafinoonoo-English-ዐማርኛ Dictionary

kooyo /kooyo/ (n.) battle ውጊያ
koppo /koppo/ (v.) clap hands ማጨብጨብ
koppoo /koppoo/ (n.) lead እርሳስ
kopyishe kocho /kopyiše kočo/ (n.) tax payer ግብር ከፋይ
koro /koro/ (n.) saddle ኮርቻ
kote kexo /kote ket'o/ (n.) liar ውሽታም
kotero /kotero/ (n.) hoe ገሶ
kotete /kotete/ (v.) be seated መቀመጥ
koteti acho /koteti ačo/ (n.) pool መዋኛ
koto /koto/ (v.) draw, sketch, to መሳል፤ ንድፍ ሰውን
koto /koto/ (n.) schedule ውጥን፤ ፕሮግራም
kottehe /kottehe/ (v.) sit, to መቀመጥ
kottero /kottero/ (v.) plough ማረስ
kottite /kottite/ (v.) begin መጀመር
kottiyo /kottiyo/ (v.) place ቦታ
kottiyo /kottiyo/ (v.) put! ማስቀመጥ
kotto /kotto/ (n.) pierce ብስ፤ የተበሳ
koxito /kot'ito/ (n.) loose, be መላላት
koxito /kot'ito/ (v.) loosen! መላላት
koxito /kot'ito/ (v.) lose መጥፋት
koyisho /koyišo/ (n.) tax ግብር
koyito /koyito/ (n.) pay-day loan እራጣ
koyo /koyo/ (n.) a type of cabbage አብርንጎ
koyo /koyo/ (v.) pierce መብሳት፤ መውጋት
koyo /koyo/ (v.) to pierce መዋጋት
koyo /koyo/ (v.) to pound መውቀጥ
koyo /koyo/ (n.) war ጦርነት

Kafinoonoo-English-ዐማርኛ Dictionary

kuaso /*kuaso*/ (n.) foot ball እግር ኳስ
kubayo /*kubayo*/ (n.) cup ጽዋ
kubbo /*kubbo*/ (n.) forest ደን፤ ጫካ
kucco /*kučČo*/ (n.) bush, shrub ቡሽ፤ ቁጥቋጦ
kuchoo /*kučoo*/ (n.) bush ጥሻ
kudade /*kudade*/ (n.) cloth for food የልብስ ጨርቅ
kufo /*kufo*/ (v.) sting መንደፍ
kunaanoo /*kunaanoo*/ (n.) dog ውሻ
kunane /*kunane*/ (n.) beach የባሕር ዳርቻ
kunano /*kunano*/ (n.) dog ውሻ
kuphite /*kup'ite*/ (v.) strong, be መጠንከር
kuphphete /*kup'p'ete*/ (adj.) bold ደማቅ (ማስታወቂያ)
kuphpho /*kup'p'o*/ (n.) clever, cunning ብልህ፤ ተንኮለኛ
kuphpho /*kup'p'o*/ (n.) solid ጠንካራ
kurece xoro /*kureče t'oro*/ (n.) roaster (crows) ቄራ፤ አውራ ዶሮ
kuro /*kuro*/ (n.) donkey አህያ
kushi kuund /*kuši kuund*/ (n.) red, small ቀይ፤ ትንሽ
kushkusho /*kuškušo*/ (n.) drop by drop ጠብታ በጠብታ
kushsheto /*kuššeto*/ (n.) cloth ragged የተጨማደደ ጨርቅ
kuubbo /*kuubbo*/ (n.) countryside, forest woods የገጠር፤ የዱር እንጨት
kuubi chooxo /*kuubi čoot'o*/ (n.) animal, wild የዱር እንስሳ
kuudo /*kuudo*/ (n.) garbage on sight ቆሻሻ
kuudo /*kuudo*/ (n.) gunny sack ስልቻ
kuularo /*kuularo*/ (n.) cat ድመት
kuupho /*kuup'o*/ (n.) hard ከባድ

Kafinoonoo-English-አማርኛ Dictionary

kuupho /*kuup'o*/ (n.) mouthful, take a መጎንጨት፤ መጉረስ

kuupho /*kuup'o*/ (n.) of woman የሴት

kuuro /*kuuro*/ (n.) ass አህያ

kuuro /*kuuro*/ (n.) free ነጻ

kuwaaso /*kuwaaso*/ (n.) ball ኳስ

kuxo /*kut'o*/ (n.) part ክፍል

kuxo /*kut'o*/ (v.) pass, cross ማለፍ፤ መስቀል

kuxo /*kut'o*/ (n.) piece እቃ

kuxo /*kut'o*/ (v.) to cut መቁረጥ

kuxxo /*kut't'o*/ (v.) cross መስቀል

kuxxo /*kut't'o*/ (n.) the rope ገመድ እንዲንቀጠቀጥ ለማድረግ

kuxxo /*kut't'o* / (v.) fell, chop down መውደቅ፤ መቆረጥ

L l

lo /*lo*/ (post.) without ያለ

lobri /*lobri*/ (n.) fox ቀበሮ

lomri /*lomri*/ (n.) fox ቀበሮ

M m

maʔo /*maʔo*/ (n.) arrow ቀስት

maʔo /*maʔo*/ (n.) fat ስብ

maaʔoo /*maaʔoo*/ (n.) bull በሬ

maace /*maače*/ (n.) female (human) ሴት (ለሰው)

maace /*maače*/ (locat.) outside ውጭ

Kafinoonoo-English-ዐማርኛ Dictionary

maacha bushe /maača buše/ (n.) daughter ሴት ልጅ
maache biiyo /maače biiyo/ (n.) stomach ache የሆድ ቁርጠት
maache meno /maače meno/ (n.) intestine አንጀት
maache yeexo /maače yeet'o/ (v.) diarrhea, have በተቅማጥ መያዝ፤ ማስቀመጥ
maachilato /maačilato/ (n.) curtain መጋረጃ
maacho /maačo/ (n.) belly ሆድ
maacho /maačo/ (n.) diarrhea ተቅማጥ
maacho /maačo/ (v.) fell, chop down መውደቅ፤ መቁረጥ
maacho /maačo/ (v.) step, to መራመድ
maacho /maačo/ (n.) stomach ሆድ
maacho /maačo/ (n.) the rope ገመድ
maaci kelleto /maači kelleto/ (n.) gate በር
maada /maada/ (n.) morning ጠዋት
maadda /maadda/ (n.) earlier, sometime ago ቀደም ብሎ፤ ከጥቂት ቀናት በፊት
maaddo /maaddo/ (n.) cloth for food ለልብስ ጨርቅ
maaddo /maaddo/ (n.) fasting months before Easter ኩዳዬ
maadi timmo /maadi timmo/ (v.) get up early በማለዳ ተነሳ
maado /maado/ (n.) palm (of hand) የእጅ መዳፍ
maagada yaadi /maagada yaadi/ (n.) December ታህሳስ
maagayo /maagayo/ (n.) dowry for the bride groom ለሙሽራው ጥሎሽ
maage asho /maage ašo/ (n.) quite child ዝምተኛ ልጅ
maago /maago/ (v.) quiet, be ጸጥ ማለት ጸጥ ያለ መሆን
maaho /maaho/ (v.) I ate በላሁ

Kafinoonoo-English-ዐማርኛ Dictionary

maahoo /*maahoo*/ (n.) leopard ነብር
maallo /*maallo*/ (n.) luck ዕድል
maami /*maami*/ (n.f) calf ጊደር
maamo /*maamo*/ (n.m) calf ጥጃ
maamo /*maamo*/ (v.) eat, feed, be eaten መብላት፤ መመገብ፤ መበላት
maamo /*maamo*/ (n.) heifer ወይፈን
maanjo /*maanjo*/ (v.) give a full meal ሙሉ ምግብ ስጡ
maaqo /*maak'o*/ (locat.) out ውጭ
maarako /*maarako*/ (n.) angel መልአክ
maaro /*maaro*/ (v.) be rid of መሻር
maashaaro /*maašaaro*/ (n.) guarantor ዋስ
maashaaroo /*maašaaroo*/ (n.) guarantor ዋስ
maashamite /*maašamite*/ (n.) agree መስማማት
maashino /*maašino*/ (n.) license ፍቃድ
maashiyo /*maašiyo*/ (n.) typhoid ተስቦ
maasho /*maašo*/ (n.) cemetery የመቃብር ስፍራ
maasho /*maašo*/ (v.) drunk, be መስከር
maasho /*maašo*/ (n.) grave መቃብር
maasho /*maašo*/ (n.) tomb መቃብር
maate kacho /*maate kačo*/ (n.) the striped leaves of ensete were used የእንሰትን ቅጠል መጠቀም
maawo /*maawo*/ (n.) who places a bee hive ቀፊ ሲቃይ
maaxo /*maat'o*/ (n.) exile ግዞት
maaxoo /*maat'oo*/ (n.) labor pain የምጥ ሕመም
maaxxo /*maat't'o*/ (n.) chaff ዕብቅ
maaxxo /*maat't'o*/ (n.) hang up (to hook sth.) ማንጠልጠያ

Kafinoonoo-English-አማርኛ Dictionary

maayafo /maayafo/ (n.) cereal ጥራጥሬ
maayo /maayo/ (n.) sore ቁስል፣ ሕመም
maccet buno /maččet buno/ (n.) clean, washed ንፁሕ የታጠበ
maccete /maččete/ (v.) bathe መታጠብ
mace bushe /mače buše/ (n.) daughter ሴት ልጅ
maceyoo /mačeyoo/ (v.) to pick መልቀም
mach /mač/ (locat.) in ውስጥ
mach gayyo /mač gayyo/ (n.) gluten ሆዳም
mach kasho /mač kašo/ (v.) inhale tobacco ጋያ፣ ትንባሆ መማግ
mach wan /mač wan/ (locat.) in to ወደ
machalo /mačalo/ (v.) shallow ጥልቀት የሌለው፣ ሆድ የሌለው
machche kuxo /mačče kut'o/ (n.) cruel, be ጨካኝ
machcho /maččo/ (v.) decide መወሰን
mache gubbo /mače gubbo/ (n.) horse back የፈረስ ጀርባ
macheco /mačečo/ (n.) guts (intestines) አንጀት
machena /mačena/ (locat.) inside ውስጥ
machi kuxxo /mači kut't'o/ (n.) avaricious ግፍ
maci asho /mači ašo/ (n.) foreigner የውጭ አገር ሰው
macoo /mačoo/ (v.) pick up grain or small item መልቀም
maddo /maddo/ (n.) cloth for food ጨርቅ ለምግብ
madfo /madfo/ (n.) canoe ታንኳ
mado /mado/ (n.) palm of hand በእጅ መዳፍ
magade /magade/ (n.) machete ማጭድ ገጀራ
magera kaaphi /magera kaap'i/ (n.) March መጋቢት
maggo /maggo/ (n.) kraal በረት

Kafinoonoo-English-ዐማርኛ Dictionary

mago /*mago*/ (n.) mule በቅሎ
makkeco /*makkečo*/ (n.) digging instrument መቆፈሪያ
mallo /*mallo*/ (n.) luck ዕድል
mamo /*mamo*/ (v.) to eat መብላት
mandarooch /*mandarooč*/ (n.) in the darkness በጨለማ ውስጥ
manderoo /*manderoo*/ (n.) dark ጥቁር
mane /*mane*/ (n.) sister እኅት
manjaano /*manjaano*/ (n.) churn መፍጨት
manje mayo /*manje mayo*/ (n.) (edible) food (የምግብ)፣ ምግብ
manjiyo /*manjiyo*/ (n.) tight, firm ጥብቅ፣ ጥብቅ
manjo /*manjo*/ (v.) feed, to መመገብ
manjo /*manjo*/ (n.) strength ጥንካሬ
mano /*mano*/ (n.) brother ወንድም
manobusho /*manobušo*/ (n.) child of a brother የወንድም ልጅ
marehoo /*marehoo*/ (n.) autumn ፀደይ
masharoo /*mašaroo*/ (n.) guarantor ዋስ
mashshero /*maššero*/ (n.) compound ግቢ
mashsho /*maššo*/ (v.) raid መዝረፍ፣ መውረር
mashubo /*mašubo*/ (n.) basket plaited የተሸለመ መሶብ፣ ቅርጫት
mateyoo /*mateyoo*/ (n.) to be bored by someone መሰላቸት በሰው
mato /*mato*/ (n.) twins መንትያ
matoo /*matoo*/ (v.) to be bored መሰላቸት በሰው
matto /*matto*/ (n.) grasshopper [ashen] ከረምት አግቢ፣ አሸን

Kafinoonoo-English-ዐማርኛ Dictionary

maxiraro /mat'iraro/ (n.) grass new አዲስ የበቀለ ሣር
maxo wan /mat'o wan/ (n.) exterior ውጫዊ
maxxo /mat't'o/ (n.) bee ንብ
maxxo /mat't'o/ (n.) millet ወፍርጩ
maye gugo /maye gugo/ (n.) screen the grain መንፋት፣ መንፊያ
maye sheko /maye šeko/ (v.) winnowing ማንጻለል
maye xebo /maye t'ebo/ (v.) winnow the grain በሰፊድ ማንጻለል
maye yajjero /maye yajjero/ (v.) blowing with sieve, effusion በወንፊት መንፋት
mayo /mayo/ (v.) wash ማጠብ
mayo /mayo/ (n.) wound ቁስል
mayo /mayo/ (v.) wounded ቆስሏል
mayyo /mayyo/ (n.) food ምግብ
mecce /mečče/ (n.) wife ሚስት
mece shaago /meče šaago/ (v.) marry a wife ሚስት ማግባት
mechcho /meččo/ (n.) people ሰዎች
mecho /mečo/ (n.) horse for goods አጋሰስ
mecho /mečo/ (v.) pick up መልቀም
meeceyo /meečeyo/ (n.) sex ወሲብ
meechchilato /meeččilato/ (n.) cloth against sun ፀሐይ መከለያ ጨርቅ
meeleto /meeleto/ (n.) appearance መልክ
meello /meello/ (n.) oak ዋርካ
meeloo /meeloo/ (n.) oak ዋርካ
meeno /meeno/ (n.) flesh (see meat) ሥጋ (ሥጋ የሚለውን

Kafinoonoo-English-አማርኛ Dictionary

ተመልከት)
meeqeqo /*meek'ek'o*/ (n.) care እንክብካቤ
meesho /*meešo*/ (n.) debt of meat የሥጋ ዕዳ
meeto /*meeto*/ (n.) lot ዕጣ
megado /*megado*/ (n.) sickle ማጭድ
megazo /*megazo*/ (v.) saw መመልከት
meggete /*meggete*/ (v.) heavy, be መክበድ፣ ከባድ መሆን
meggo /*meggo*/ (n.) heavy ከባድ
melete gedo /*melete gedo*/ (n.) mark, facial or tribal ምልክት፣ ንቅሳት የፊት ወይም የጎሳ
mellalo /*mellalo*/ (n.) misfortune መጥፎ ዕድል
melle kello /*melle kello*/ (n.) window መስኮት
melleto /*melleto*/ (n.) face, front ፊት፣ ደፍ
melleto /*melleto*/ (v.) sign, give መፈረም፣ መስጠት
menderete /*menderete*/ (v.) dark, be መጨለም፣ ጨለማ መሆን
menderitino /*menderitino*/ (n.) darkness ጨለማ
mene /*mene*/ (n.) sister እኅት
mero /*mero*/ (n.) remedy መፍትሔ
mero hallo /*mero hallo*/ (n.) create, to መፍጠር
merzo /*merzo*/ (n.) poison መርዝ
metlèbi metbèl /*metlèb ፣ metbèl*/ (n.) meaning ትርጉም
metto /*metto*/ (n.) twin for animate መንታ (ሕይወት ላላቸው ነገሮች)
mexo /*met'o*/ (n.) honey-bee የማር ንብ
micci dicco /*mičči diččo*/ (v.) cut a tree ዛፍ መቁረጥ
micci goxo /*mičči got'o*/ (n.) of wood ከእንጨት

Kafinoonoo-English-ዐማርኛ Dictionary

micci qeendo /mičči k'eendo/ (v.) cut branches of a tree የዛፉን ቅርንጫፎች መቁረጥ

micci shikkano /mičči šikkano/ (v.) wedged in, get ስንጥቅ ውስጥ ሽብልቅ ማስገባት

micciደo /miččideʔo/ (n.) Friday ኣርብ

miccio /miččio/ (n.) yellow ቢጫ

micco /miččo/ (v.) cook ማብሰል

micco /miččo/ (n.) hot tasting የሚፋጅ

micco /miččo/ (n.) roast! የተጠበሰ!

miccoo /miččoo/ (v.) burn ማቃጠል

miccreʔo /miččreʔo/ (n.) Friday ኣርብ

michchio /miččio/ (n.) lentil ምስር

michito /mičito/ (n.) burnt ground የተቃጠለ መሬት

micho /mičo/ (v.) burn መቃጠል

mici uuxero /mici uut'ero/ (n.) wooden የእንጨት

mico /mičo/ (n.) Cyprus rigifolus, a grass type የሣር ዓይነት

miicco /miiččo/ (v.) be set on ተዘጋጅ

miicco /miiččo/ (v.) fry መጥበስ

miicco /miiččo/ (v.) wait መጠበቅ

miicco /miiččo/ (v.) wait!, stay! ቆይ፣ ይጠብቁ!

miicho /miičo/ (v.) laugh መሳቅ

miicoo /miičoo/ (n.) a type of grass, Cyperus rigidifolius እንግጫ የሣር ዓይነት

miimi /miimi/ (n.) cow ላም

miiraro /miiraro/ (n.) bile ሀሞት

miiraro /miiraro/ (n.) sour መራራ

miixete /miit'ete/ (v.) be sort, hurt መጎዳት

Kafinoonoo-English-ዐማርኛ Dictionary

miixo /*miit'o*/ (v.) give a testimony ምስክር ሁኑ
miixoo /*miit'oo*/ (n.) witness ምስክር
mimi /*mimi*/ (n.) female cow ሴት ጊደር
mimo /*mimo*/ (n.) cattle ከብቶች
minj illo /*minǰ illo*/ (n.) of cattle የከብቶች
minji qiddo /*minǰi k'iddo*/ (v.) watch cattle ከብቶችን መጠበቅ
mixeco /*mit'ečo*/ (n.) harm ጉዳት
mixete /*mit'ete*/ (v.) be witnessed ምስክር መሆን
mixo /*mit'o*/ (n.) kind of (small) ዓይነት (ትንሽ)
mixo /*mit'o*/ (n.) testify መስከር
mixo /*mit'o*/ (n.) woods እንጨት
miyo /*miyo*/ (n.) be full ጥጋብ
miyo /*miyo*/ (v.) to be full መጥገብ
mocaro /*močaro*/ (n.) green color አረንጓዴ ቀለም
mocci shacho /*močči šačo*/ (v.) leak the affair ጉዳዩን ገልጦታል
mocci shac'o /*močči šač'o*/ (v.) reveal መግለጥ
mocciniho /*moččiniho*/ (n.) the of the newly married አዲስ የተጋቡ
mochoo /*močoo*/ (n.) grass, Stellaria sennii, a grass type near swamps የረግረግ ሣር
mogeco /*mogečo*/ (n.) Triumfetta rhomboidea, a herb ዕፀ
moggeccoo /*moggeččoo*/ (n.) lumph, tumor እብጠት
moggeco /*moggečo*/ (n.) Triumfetta rhomboidea, a herb ዕፀ
mollexo /*mollet'o*/ (n.) leather, hide ቆዳ፣ ሌጦ

Kafinoonoo-English-አማርኛ Dictionary

moo ʔoo /mooʔoo/ (v.) to disturb መረበሸ
moocco /moočo/ (n.) young grain እሸት ለእህል
moocher shaho /moočer šaho/ (n.) green wood እርጥብ እንጨት
moochero /moočero/ (n.) green አረንጓዴ
mooko /mooko/ (n.) cheese አይብ
moollexo /moollet'o/ (n.) hide ስልቻ
mu ʔo /muʔo/ (n.) dirt from eye አይናር
muchcheto /muččeto/ (v.) loosen! ፈታ!
muchcho /muččo/ (n.) lack እጥረት
muchcho /muččo/ (v.) loose, be ማጣት
mucho /mučo/ (v.) lick a hand on which እጅ መላስ
mucho /mučo/ (n.) lisping ማለከለክ
muddo /muddo/ (n.) nose አፍንጫ
muddriqo /muddrik'o/ (n.) nerve, central take central nerve of enset የእንሰት ቡጥ
mudiiriqo /mudiirik'o/ (n.) nerve, central take central nerve of enset የእንሰት ቡጥ
mulleco /mullečo/ (adj.) observe መታዘብ፣ መመልከት
mullo /mullo/ (n.) heart ልብ
muricho /muričo/ (v.) escape ማምለጥ
murro /murro/ (v.) stir መበጥበጥ፣ ማማሰል
mushsho /muššo/ (v.) announce the death ማርዳት
mutanto /mutanto/ (n.) pants ሱሪ
mutto /mutto/ (n.) deep ጥልቀት
mutto /mutto/ (adj.) hollow ጥልቅ ጉድጓድ
muu ʔo /muuʔo/ (n.) rheum, eye discharge አይና አር

75

muucciyo /muuččiyo/ (v.) dissolve in water በውሃ መሟሟት

muujjiyo /muujjiyo/ (v.) dissolve in water በውሃ መሟሟት

muumme buno /muumme buno/ (n.) dried coffee ደረቅ፣ ድፍን ቡና

muuqqo /muuk'k'o/ (v.) suck, to መመጥመጥ

muutto /muutto/ (n.) flax ተልባ

muxete /mut'ete/ (v.) slip through, to ማስገባት

muzo /muzo/ (n.) banana ሙዝ

N n

na /na/ (conj) by በ

na /na/ (conj) with ከ... ጋራ

na /na/ (conj) and እና

na tokki /na tokki/ (conj) together with አንድ ላይ

na wutto /na wutto/ (n.) round worm ትል

naa micce /naa mičče/ (n.) daughter-in-law ምራት

naaʔo /naaʔo/ (v.) triturate መለንቀጥ

naabe shawusho /naabe šawušo/ (n.) diaphragm bone የዳያፍራም አጥንት

naabo /naabo/ (n.) ribs የጎድን አጥንት

naaco /naačo/ (n.) brother-in-law የእኅት ባል ወይም የሚስት ወንድም

naadiye /naadiye/ (n.) applaud ማጨብጨብ

naadiyo /naadiyo/ (v.) thank ማመስገን

Kafinoonoo-English-ዐማርኛ Dictionary

naadiyo /naadiyo/ (v.) thanks (persons), to ምስጋና (ሰዎች)
naag /naag/ (n.) badly መጥፎ
naago /naago/ (v.) to insult መሳደብ
naahone /naahone/ (n.) against ከ...ተቃራኒ
naakko /naakko/ (v.) to be insulted መሰደብ
naakko /naakko/ (v.) triturate መለንቀጥ
naallexo /naallet'o/ (n.) Commelina berghalensis, a herb ዕፅ
naallo /naallo/ (n.) justice ፍትህ
naallo /naallo/ (n.) smooth stone ለስላሳ ድንጋይ
naapho /naap'o/ (v.) lick መላስ
naaqqulo /naak'k'ulo/ (n.) soft ለስላሳ
naawutto /naawutto/ (n.) worm ወስፋት
naba /naba/ (v.) move aside ወደ ጎን መገፋት፤ መገፋት
nabo /nabo/ (v.) fortified የተጠናከረ
nache caroo /nač'e čaroo/ (n.) Ficussur, a tree የዛፍ ዓይነት
nache duqesho /nač'e duk'ešo/ (n.) garlic ነጭ ሽንኩርት
nache garo /nač'e garo/ (n.) Rubis apetatu, a climber የሐረግ ዓይነት
nache naʔo /nač'e naʔo/ (n.) in-laws አማቾች
nache qombo /nač'e k'ombo/ (n.) Jasminum abyssinicum, a climber የሐረግ ዓይነት
nadayitto /nadayitto/ (n.) leprous የሥጋ ደዌ
nadiyitino /nadiyitino/ (n.) leprosy የሥጋ ደዌ በሽታ
nafeʔo /nafeʔo/ (v.) swell ማበጥ
nafo /nafo/ (n.) swelling እብጠት

Kafinoonoo-English-*አማርኛ* Dictionary

naggo /*naggo*/ (v.) insulting መሳደብ
nagoo /*nagoo*/ (n.) insult ስድብ
nallite /*nallite*/ (v.) soft, be ለስላሳ
nallo /*nallo*/ (n.) flame ነበልባል
nallo /*nallo*/ (n.) judgment ፍርድ
nappo /*nappo*/ (n.) needle መርፌ
nashoo /*našoo*/ (v.) castrate ማኮላሽት
nashshiro /*našširo*/ (v.) bleeding from nose ከአፍንጫ እየደማ
natto /*natto*/ (n.) hide ነት
nayeete /*nayeete*/ (v.) accompany (pass.) ማጀብ
nayete /*nayete*/ (v.) accompany ማጀብ
ne /*ne*/ (pron sg.f.) you አንተ
ne /*ne*/ (pron sg.m.) you አንተ
necho /*nečo*/ (n.) white ነጭ
nedayo /*nedayo*/ (n.) leper ለምጻም
neeco /*neečo*/ (n.) honey bread የማር እንጀራ
neellecco /*neellečo*/ (n.) judge, a ዳኛ
neello /*neello*/ (v.) to judge መፍረድ
neexete /*neet'ete*/ (v.) be standing መቆም
neexo /*neet'o*/ (n.) height ቁመት
neexo /*neet'o*/ (v.) stand መቆም
neexo /*neet'o*/ (v.) to stomp መርገጥ፣ መረምረም
nelleyo /*nelleyo*/ (v.) to win an argument, a case መርታት
nibbona /*nibbona*/ (n.) slowly ቀስ ብሎ
nihiniho /*nihiniho*/ (n.) grandfather paternal ወንድ አያት በአባት በኩል

Kafinoonoo-English-ዐማርኛ Dictionary

niho /niho/ (n.) father አባት
nihoinde /nihoinde/ (n.) grandmother paternal ሴት አያት በአባት በኩል
nihomane /nihomane/ (n.) paternal የአባት
niibbo /niibbo/ (n.) spleen ጣፊያ
niibe hamo /niibe hamo/ (v.) go slowly and carefully በዝግታ እና በጥንቃቄ ሂዱ
niicco /niičo/ (n.) benediction መበርታት
niichoo /niičoo/ (n.) grudge ቂም
niiro /niiro/ (n.) smooth ለስላሳ
nilʔo /nilʔo/ (v.) crunch ማድቀቅ
nimeno /nimeno/ (n.) few ጥቂት
nimeno /nimeno/ (n.) some ጥቂት
nitto /nitto/ (n.) damp ከምር አሉታዊ
niyeeshoo /niyeešoo/ (n.) uncle brother of a father አጎት የአባት ወንድም
niyo /niyo/ (v.) wish መመኘት
niyon beekio /niyon beekio/ (v.) make a መመኘት
noo /noo/ (pron.) we እኛ
nooco /noočo/ (n.) sweet for surgery ጣፋጭ
nookko /nookko/ (v.) deny መካድ፣ አለመቀበል ነገርን
noolle mocho /noolle močo/ (n.) grass, fresh ሳር፣ አዲስ
noono /noono/ (n.) language ቋንቋ
noono /noono/ (n.) mouth አፍ
noonoo /noonoo/ (n.) lip ከንፈር
nu qeshuuno /nu kʼešuuno/ (n.) pottery የሸክላ ስራ
nucho /nučo/ (n.) sweet ጣፋጭ
nummo /nummo/ (v.) compensation paid ካሳ ይከፈላል

Kafinoonoo-English-ዐማርኛ Dictionary

nuuccitino /nuuččitino/ (n.) friendship ጓደኝነት
nuucco /nuuččo/ (n.) friend ጓደኛ
nuuco /nuučo/ (n.) companion ጓደኛ
nuuqqo /nuuk'k'o/ (n.) clay ሸክላ
nuute /nuute/ (n.) women of a husband የአንድ ባል ሚስቶች

O o

obobo /obobo/ (n.) stagnant የረጋ፣ የማይንቀሳቀስ
ohugo /ohugo/ (n.) hock አንጓ
okeroo /okeroo/ (n.) wolf ተኩላ
okkebare /okkebare/ (pron.f) that ያች
okkebi /okkebi/ (pron.m) that ያ
okkebi /okkebi/ (pron.) those እነዚያ
okkeboshi /okkeboši/ (pron.) those እነዚያ
ooge /ooge/ (adv) very በጣም
ooge gooto /ooge gooto/ (n.) thatched የቤት ሣር ክዳን
ooget geepo /ooget geepo/ (n.) large ትልቅ
oogeto /oogeto/ (n.) big ትልቅ
oogio /oogio/ (n.) cardamom ኮረሪማ
oogitino /oogitino/ (n.) honor ክብር
oogo /oogo/ (n.) great ታላቅ
oogo /oogo/ (v.) large, be ትልቅ መሆን
oogo /oogo/ (n.) older ታላቅ (ለእድሜ)
oogoge ʔaato /oogoge ʔaato/ (n.) beans black eyed ባቄላ
oomo /oomo/ (n.) enset plant እንሰት

Kafinoonoo-English-ዐማርኛ Dictionary

ooniyo /*ooniyo*/ (n.) gossiping ሐሜት
oono /*oono*/ (n.) backbite ማማት
oono /*oono*/ (v.) backbite to ማማት
oono /*oono*/ (n.) year አመት
ooshiyo /*ooshiyo*/ (n.) cold, a (disease) ጉንፋን፣ አንድ (በሽታን)
opho /*op'o*/ (v.) threshing a corn መፈልፈል በቆሎን
ophpho /*op'p'o*/ (v.) threshing for corn መፈልፈል በቆሎን
ophpho /*op'p'o*/ (v.) scrap the shell መቀረፍ
opo /*opo*/ (n.) a cultural sport of Kafa, Christmas game የገና ጨዋታ
osharoo /*ošaroo*/ (n.) rust ዝገት
oshiyo /*ošiyo*/ (n.) cough ሳል
oshiyo /*ošiyo*/ (n.) flu, cough ጉንፋን፣ ሳል
oshiyo /*ošiyo*/ (v.) hiccups, have the ስቅታ

P p

paqo /*pak'o*/ (n.) thin cloth ቀጭን ጨርቅ
puuqo /*puuk'o*/ (n.) doubt ጥርጣሬ

PH ph

pha?i beto /*p'a?i beto*/ (v.) glutton, be ለምግብ መንሰፍሰፍ
pha?o /*p'a?o*/ (n.) glutton ሆዳም

Kafinoonoo-English-ዐማርኛ Dictionary

pheco /p'ečo/ (n.) Acanthus pubescens, a herb ሰሰ
phi'o /p'i'o/ (n.) Hippocratea Africana, a climber የሐረግ ዓይነት

phijjete /p'ijjete/ (v.) bend from waist and hold ear ማፈንደድ ጆሮ እንደመያዝ
phijjo /p'ijjo/ (n.) big ትልቅ
phillo /p'illo/ (n.) flea ቁንጪ
phixxasho /p'it't'ašo/ (n.) descent ዝርያ
phuuqoo /p'uuk'oo/ (v.) is it for beans or suspecting something መጠርጠር
phuuqoo /p'uuk'oo/ (v.) to suspect መጠርጠር
phuxiro /p'ut'iro/ (v.) roll መንከባለል

Q q

qaaʔo /k'aaʔo/ (n.) cliff ገደል
qaabbacho busho /k'aabbačo bušo/ (n.) eldest child, first born አንጋፋ ልጅ
qaabbacho meche /k'aabbačo meče/ (n.) first wife የመጀመሪያ ሚስት
qaabe mano /k'aabe mano/ (n.) older የቀየ
qaabeco /k'aabečo/ (n.) age group የእድሜ ግሩፕ
qaabeyoo /k'aabeyoo/ (v.) to turn to bend መታጠፍ
qaabo /k'aabo/ (n.) double ድርብ
qaabo /k'aabo/ (n.) first born መጀመሪያ የተወለደ
qaachcho /k'aaččo/ (n.) syphilis ቂጥኝ
qaajiye /k'aajiye/ (n.) abandon መተው

Kafinoonoo-English-ዐማርኛ Dictionary

qaakko /k'aakko/ (n.) branch ቅርንጫፍ
qaalo /k'aalo/ (n.) cheap ርካሽ
qaalo /k'aalo/ (v.) cheap መርከስ
qaamo /k'aamo/ (n.) liver ጉበት
qaaqe gasho /k'aak'e gašo/ (n.) fire side የእሳት አደጋ
qaaqoo /k'aak'oo/ (n.) fire እሳት
qaaree kico /k'aaree kičo/ (v.) make አከናውን
qaaro /k'aaro/ (n.) voice ድምጽ
qaaroo /k'aaroo/ (n.) word ቃል
qaatesho /k'aatešo/ (n.) uncultivated land ጦም ያደረ መሬት
qaato /k'aato/ (n.) half ግማሽ
qaatoo /k'aatoo/ (n.) wish ምኞት
qaawite /k'aawite/ (v.) necessary, be አስፈላጊ መሆን
qaawo /k'aawo/ (v.) look for, search for መፈለግ
qaawo /k'aawo/ (v.) seek መሻት
qaawoo /k'aawoo/ (n.) need አስፈላጊ
qaawoo /k'aawoo/ (n.) summer በጋ
qaawoo /k'aawoo/ (v.) to find መፈለግ
qaayi qanno /k'aayi k'anno/ (n.) coral reef ዛጎል ተራ
qabbo /k'abbo/ (n.) child first born በኩር ልጅ
qaccemmi tobbo /k'ačemmi tobbo/ (n.) a type of herb እንደኋጉላ
qaccemmoo /k'aččemmoo/ (n.) hyena ጅብ
qaccice /k'aččiče/ (v.) crush ማድቀቅ
qacco /k'aččo/ (n.) stick for punishing አርጩሜ
qachemo /k'ačemo/ (n.) hyena ጅብ
qachoo /k'ačoo/ (n.) sand አሸዋ

83

Kafinoonoo-English-ዐማርኛ Dictionary

qacoo /k'ačoo/ (v.) sand አሸዋ መሆን
qafeto /k'afeto/ (n.) instrument መሣሪያ
qafo /k'afo/ (v.) kick, to መርገጥ
qafo /k'afo/ (v.) to kick for horse መርገጥ ለፈረስ
qallite /k'allite/ (v.) be awake መንቃት
qamini geepo /k'amini geepo/ (n.) small ትንሽ
qamino /k'amino/ (n.) across በመላው
qanne bedi /k'anne bedi/ (n.) south ደቡብ
qappetihe /k'appetihe/ (v.) she was kicked ተረግጣለች
qappeto neene /k'appeto neene/ (v.) you were kicked ተረግጠሃል
qappeyoo /k'appeyoo/ (v.) to be chopped መቄረጥ
qappiye /k'appiye/ (v.) cut meat ስጋ መሙተር
qappo /k'appo/ (v.) kicked መረገጥ
qappoo /k'appoo/ (v.) to chop መከተፍ
qaqe nello /k'ak'e nello/ (n.) flame ነበልባል
qare kiccoo /k'are kiččoo/ (v.) utter the ይሙሉ
qare qoofeto /k'are k'oofeto/ (n.) spoon of horn የቀንድ ማንኪያ
qarelo /k'arelo/ (n.) squint eyed ሹውራራ
qareroo /k'areroo/ (n.) Pouteria adolfi-friederici, a tree ቀረሮ
qarisho /k'arišo/ (v.) made of peel ቅርንፉድ እንደ~
qaro /k'aro/ (n.) horn ቀንድ
qaro /k'aro/ (n.) noise ጫጫታ
qaro /k'aro/ (n.) pair ጥንድ
qaro /k'aro/ (n.) sound ድምጽ
qarona /k'arona/ (n.) along ጋሩ

Kafinoonoo-English-ዐማርኛ Dictionary

qaroo /k'aroo/ (n.) fresh አዲስ
qashiro /k'aširo/ (v.) peel of መላጥ
qato /k'ato/ (n.) half ግማሽ
qatoo /k'atoo/ (n.) Ilex mitis, a tree የዛፍ ዓይነት
qawee qombo /k'awee k'ombo/ (n.) Hippocratea goetzei, a climber የሐረግ ዓይነት
qawo /k'awo/ (v.) discover (find) ፈልግ (ፈልግ)
qawwe dafo /k'awwe dafo/ (n.) shoot with rifle መተኮስ በጠመንጃ
qawwiyo /k'awwiyo/ (v.) want ፍላጎት
qaxero /k'at'ero/ (n.) paint ቀለም
qaxiro /k'at'iro/ (v.) travel ጉዞ
qaxxiro /k'at't'iro/ (n.) trip ጉዞ
qayo /k'ayo/ (v.) leave behind ትቶ መሄድ
qayo /k'ayo/ (v.) rheumatism መቆርጠም (ለሕመም)
qayo /k'ayo/ (locat.) up ወደላይ
qecceyoo /k'ečceyoo/ (v.) to be cut መቆረጥ
qeccib /k'eččib/ (v.) open! ክፈት!
qecco /k'ečco/ (v.) open መክፈት
qecco /k'ečco/ (n.) period of a woman የወር አበባ ወቅት
qecco /k'ečco/ (v.) to cut መቁረጥ
qechche kuxxo /k'ečče kut't'o]* (v.) chop, cut መቁረጥ
qechite /k'ečite/ (v.) be hot መሞቅ
qecho /k'ečo/ (n.) hot ትኩስ፤ ሙቅ
qecho /k'ečo/ (n.) menstruation የወር አበባ
qechoo /k'ečoo/ (n.) open ክፍት
qeco /k'ečo/ (v.) to cut a bundle ማጨድ
qeebite /k'eebite/ (n.) short አጭር

Kafinoonoo-English-አማርኛ Dictionary

qeechite /k'eečite/ (v.) warm, be መሞቅ፤
qeecho /k'eečo/ (v.) cut teff ጤፍ ማጨድ
qeeco /k'eečo/ (v.) to take a bite መጎምጥ
qeefo /k'eefo/ (n.) neck አንገት
qeejece /k'eeječe/ (n.) potter ሸክላ ሠሪ
qeejeco /k'eejeČo/ (n.) master ጌታ
qeeko /k'eeko/ (n.) calves ጥጃዎች
qeelo /k'eelo/ (n.) hair of head የራስ ፀጉር
qeemo /k'eemo/ (n.) blacksmith አንጥረኛ
qeemo /k'eemo/ (v.) clear a forest መመንጠር ጫካን
qeenayite /k'eenayite/ (v.) accomplish መፈፃም
qeenit /k'eenit/ (n.) prepare ዝግጅት
qeeno /k'eeno/ (n.) bed መኝታ
qeeno /k'eeno/ (n.) place to sleep ምኝታ
qeepho /k'eep'o/ (v.) tear a leaf መበጠስ ቅጠልን
qeero /k'eero/ (v.) cover an object መሸፈን አንድን ነገር
qeerone /k'eerone/ (v.) wind መጋረድ ከነፋስ
qeete shasho /k'eete šašo/ (n.) necklace የአንገት ጌጥ
qeewo /k'eewo/ (n.) whip ጅራፍ
qeewwo /k'eewwo/ (v.) have fever ማንቀጥቀጥ
qefe garriyo /k'efe garriyo/ (v.) melt for butter መቅለጥ ለቅቤ
qefo /k'efo/ (n.) butter ቅቤ
qellayo /k'ellayo/ (n.) midday እኩል ቀን
qellayoo /k'ellayoo/ (n.) afternoon ቀትር፤ ከሰዓት በኋላ
qelle chaco /k'elle čačo/ (n.) cover the head መሸፈን ጭንቅላትን

Kafinoonoo-English-ዐማርኛ Dictionary

qelli buttino /k'elli buttino/ (n.) long after a kill ከግድያ ከረጅም ጊዜ በኋላ

qelli cado /k'elli čado/ (n.) headache ራስ ምታት

qelli qefo /k'elli k'efo/ (n.) butter for hair የፀጉር ቅቤ

qellicheddo /k'elličeddo/ (n.) headache ራስ ምታት

qello /k'ello/ (n.) head (skull) ራስ (የራስ ቅል)

qem baaxo /k'em baat'o/ (n.) clipper መቆንጠጫ

qemmo /k'emmo/ (n.) artisan ቀጥቃጭ

qemo /k'emo/ (n.) sleep እንቅልፍ

qena /k'ena/ (n.) north ሰሜን

qenne kisho wan /k'enne kišo wan/ (n.) right (side) በቀኝ በኩል

qenno /k'enno/ (n.) right ቀኝ

qephero /k'ep'ero/ (n.) of sheep, goat የበግ፣ የፍየል

qepho /k'ep'o/ (v.) select (from people) መምረጥ ሰው ከሰው

qephph bario /k'ep'p' bario/ (v.) distinguish ለይቶ ማወቅ

qephpho /k'ep'p'o/ (v.) depart, go away መለየት፣ መሄድ

qeqero /k'ek'ero/ (n.) nod ጉጥ

qewwo /k'ewwo/ (v.) shiver, to መንቀጥቀጥ

qexero /k'et'ero/ (n.) earring የጆሮ ጌጥ

qexooc wotto /k'et'ooč wotto/ (n.) home ቤት

qeyi qeyi /k'eyi k'eyi/ (n.) staying overnight repeatedly አድሮ አድሮ

qeyite /k'eyite/ (v.) asleep, fall በእንቅልፍ መውደቅ

qeyye /k'eyye/ (n.) sleep እንቅልፍ

qicceyo /k'ičceyo/ (v.) collide, to መጋጨት

Kafinoonoo-English-አማርኛ Dictionary

qicco /k'iččo/ (n.) a cultural sport of Kafa, wrestling ትግል

qichcho /k'iččo/ (v.) castrate መቀጥቀጥ፣ ኮርማ ማድረግ

qicho /k'ičo/ (v.) coagulated, be የተደበቀ፣ (የውስጥ)

qico /k'ičo/ (v.) churn, to መናጥ

qico /k'ičo/ (v.) to hit repeatedly መቀጥቀጥ

qiddo /k'iddo/ (n.) shepherd እረኛ

qiicho /k'iičo/ (n.) objects ነገሮች

qiicho /k'iičo/ (v.) wrestle መታገል

qiipho /k'iip'o/ (v.) pinch መቆንጠጥ

qiippo /k'iippo/ (n.) to be pinched መቆንጠጥ

qillifo /k'illifo/ (n.) eye lid የአይን መሸፈኛ

qillii miico /k'illii miičo/ (n.) wrist የእጅ አንጓ፣ ፍንጅ

qimamo /k'imamo/ (n.) spice(s) ቅመም

qinoo /k'inoo/ (v.) sing ዘፈን

qiriqiro /k'irik'iro/ (v.) throwing መወርወር

qixiye /k'it'iye/ (v.) die ሞቷል

qixiyete /k'it'iyete/ (v.) borrow መበደር

qixiyo /k'it'iyo/ (v.) lend, to, borrow to መበደር

qixo /k'it'o/ (v.) push forward መግፋት ወደፊት

qobbobbo /k'obbobbo/ (n.) stagnant water ያቄረ ውሃ

qobobo /k'obobo/ (n.) stagnant ያቄረ

qocceton biicci yaaggo /k'očceton biičči yaaggo/ (n.) unwrap መዘርጋት

qochali moyo /k'očali moyo/ (n.) harsh words ሀይለ ቃል

qochchileto /k'oččileto/ (n.) lock for the house .trad. ለቤት መቆለፊያ ባሕላዊ

Kafinoonoo-English-ዐማርኛ Dictionary

qochileto /k'očileto/ (v.) for closing door መዝጋት በር በባሕላዊ መንገድ

qocho /k'očo/ (n.) flour made of the enset root የቡላ ዱቄት

qocho /k'očo/ (n.) inset food, white ቆርጫ

qocho /k'očo/ (v.) pay መከፈል

qocho /k'očo/ (v.) to be paid, to be divided2 መከፈል ለገንዘብ፣ ለእቃ

qoco /k'očo/ (n.) payer, divider ተከፋይ

qoco /k'očo/ (v.) to pay, to divide መከፈል

qoddiyo /k'oddiyo/ (n.) flexible ተለዋዋጭ

qode beto /k'ode beto/ (v.) flexible, be ተለዋዋጭ፣ መሆን

qodete /k'odete/ (v.) bend ማጠፍ

qodite /k'odite/ (v.) bend over ማጠፍ

qodo /k'odo/ (v.) fold, to ማጠፍ

qodo /k'odo/ (v.) to wrap መጠቅለል

qofo /k'ofo/ (v.) to knock door or wood መቆፍቆፍ፣ መቆርቆር

qofo /k'ofo/ (n.) mancala vari, pebble game የገበጣ ጨዋታ

qolleyoo /k'olleyoo/ (v.) to be begged መለመን

qollo /k'ollo/ (v.) to beg መለመን

qollo /k'ollo/ (n.) begging, praying ልመና፣ ጸሎት

qondo /k'ondo/ (n.) clay pot (small) የሸከላ ማሰሮ (ትንሽ)

qondo /k'ondo/ (n.) pot ድስት

qongo /k'ongo/ (n.) dried meat ቋንጣ

qooco /k'oočo/ (v.) to plug in insert መሻጥ

qoodo /k'oodo/ (v.) divide መከፈል

qoofio /k'oofio/ (n.) axe መጥረቢያ

Kafinoonoo-English-አማርኛ Dictionary

qooho /k'ooho/ (n.) cheese አይብ ቅቤ ያለበት
qoolete /k'oolete/ (v.) beg መለመን
qoopho /k'oop'o/ (v.) save መቆጠብ ለማስቀመጥ
qoopho /k'oop'o / (v.) to scratch መቧጨር፣ መቧጠጥ
qooppo /k'ooppo/ (v.) to be saved መቆጠብ
qoosho /k'ooöo/ (n.) wing ክንፍ
qooxo /k'oot'o/ (n.) big ትልቅ
qooxo /k'oot'o/ (v.) swallow መዋጥ
qophiro /k'op'iro/ (n.) leaf of enset dry ደረቅ የእንሰት ቅጠል
qoppi attio /k'oppi attio/ (v.) make fire by rubbing በማፋጨት እሳት ማውጣት
qoqqane yesho /k'ok'k'ane yeöo/ (v.) sustain መቀጠል
qoreddo /k'oreddo/ (n.) clothing ልብስ
qoripho /k'orip'o/ (v.) to pierce ሙብሳት
qorixite /k'orit'ite/ (v.) cut the food መቁረስ ምግብን
qucho /k'učo/ (n.) scab እከክ
quco /k'učo/ (n.) itch እከክ
quco /k'učo/ (v.) to scrap መፋቅ
quddo /k'uddo/ (n.) crunch መደገፊያ ባላ
quddo /k'uddo/ (n.) desert stick የበረሃ ዱላ
quddo /k'uddo/ (n.) stick ዱቄት
qudete /k'udete/ (n.) steer water ማደፍረስ ውሃን
qufiyoo /k'ufiyoo/ (n.) axe መጥረቢያ
qufo /k'ufo/ (n.) cloud ደመና
qulloo /k'ulloo/ (n.) knot ቋጠሮ
qumbero /k'umbero/ (n.) cane of a millet የማሽላ አገዳ
qungo /k'ungo/ (n.) not አይደለም

Kafinoonoo-English-ዐማርኛ Dictionary

qunno /k'unno/ (n.) small, measuring ትንሽ መለኪያ
quto /k'uto/ (n.) hunch-backed መዓጉእ
qutte tebbo /k'utte tebbo/ (v.) dust off ማራገፍ አዋራን
qutto /k'utto/ (n.) dust አቧራ
quttoo /k'uttoo/ (n.) dust አቧራ
quuchcho /k'uuččo/ (n.) boiled in a pot በድስት ውስጥ የተቀቀለ
quucho /k'uučo/ (n.) itch እከክ
quullo /k'uullo/ (v.) knot መቋጠር
quuto /k'uuto/ (n.) hunch back (small of back) መዓጉእ
quuyo /k'uuyo/ (v.) expect ይሆናል በማለት መጠበቅ
quyecci marakko /k'uyečči marakko/ (n.) protector spirit ውቃቢ፣ ጠባቂ መልአክ
quyyeco /k'uyyečo/ (n.) guardian ጠባቂ፣ ሞግዚት
quyyete /k'uyyete/ (v.) guard መጠበቅ

R r

rettiyo /rettiyo/ (v.) lend, to, borrow to ማበደር
ruzo /ruzo/ (n.) rice ሩዝ

S s

sahno /sahno/ (n.) dish ሳህን
sanduqo /sanduk'o/ (n.) suitcase ሻንጣ
sanduqu /sanduk'u/ (n.) box ሳጥን
saxino /sat'ino/ (n.) box ሳጥን

Kafinoonoo-English-ዐማርኛ Dictionary

selulàr /selulàr/ (n.) pajama for woman ፒጃማ ለሴት
senxo /sent'o/ (n.) small ትንሽ
siico /siičo/ (n.) ahead ወደፊት
siikano /siikano/ (n.) nail ጥፍር
siimeto /siimeto/ (n.) waist ወገብ
silular /silular/ (n.) pajama for woman ፒጃማ ለሴት
soomo /soomo/ (n.) iron piece of የብረት ጣራ
soqqo /sok'k'o/ (n.) heel ተረከዝ
sufo /sufo/ (n.) wool ሱፍ

SH sh

sha?iyo /ša?iyo/ (n.) transport things ነገሮችን ማጓጓዝ
shaa?o /šaa?o/ (n.) odor ሽታ
shaaba /šaaba/ (num.) seventy ሰባ
shaabatta /šaabatta/ (num.) seven ሰባት
shaabo /šaabo/ (v.) to milk ማለብ
shaacco /šaačo/ (n.) leather rope መቸኛ
shaachchiye /šaaččiye/ (v.) scatter መበተን
shaacho /šaačo/ (n.) hunger ረሃብ
shaachoo /šaačoo/ (n.) hungry መራብ
shaaco /šaačo/ (n.) strap መርገጫ
shaado /šaado/ (v.) walk የእግር ጉዞ
shaag /šaag/ (v.) come in! ግባ!
shaagaamo /šaagaamo/ (n.) bracelet, bead አንባር
shaaganio /šaaganio/ (v.) select ይምረጡ
shaagano /šaagano/ (n.) unmarried ያላገባ
shaagganiyo /šaagganiyo/ (v.) chose መረጠ

92

Kafinoonoo-English-ዐማርኛ Dictionary

shaagio /šaagio/ (v.) marry ማግባት
shaagite /šaagite/ (v.) loaded, he ጭኖ
shaagiyoo /šaagiyoo/ (v.) to castrate ማኮላሸት
shaago /šaago/ (n.) bundle እስር፣ ጀምብ፣ ጭነት
shaago /šaago/ (v.) carry, to መሸከም
shaago /šaago/ (n.) fall, (load) መውደቅ፣ (ጭነት)
shaago /šaago/ (n.) gazelle የሜዳ ፍየል
shaago /šaago/ (v.) load ጭነት
shaago /šaago/ (n.) marriage ጋብቻ
shaago /šaago/ (v.) milk ወተት
shaago /šaago/ (v.) unload ጭነት ይጫኑ
shaago /šaago/ (n.) upper part of the door ደፍ፣ የበሩ የላይኛው ክፍል
shaago kindio /šaago kindio/ (v.) make fall a load ሽክም ማራገፍ፣ መጣል
shaahi maacho /šaahi maačo/ (v.) count by the thumb and finger በአውራ ጣትና በጣት መቁጠር
shaahiyo /šaahiyo/ (n.) proverb ምሳሌያዊ አነጋገር፣ ተረትና ምሳሌ
shaakeya beedeti /šaakeya beedeti/ (n.) matured የበሰለ
shaakkoo /šaakkoo/ (n.) ostrich ሰጎን
shaako /šaako/ (n.) ape ጦጣ
shaamo /šaamo/ (n.) ground-honey making insect ጣዝማ
shaanho /šaanho/ (n.) cave ዋሻ
shaanoo /šaanoo/ (n.) cabbage ጎመን
shaapho /šaap'o/ (n.) gourd, half ግማሽ ቅል
shaaqo /šaak'o/ (n.) box of wood የእንጨት ሳጥን

Kafinoonoo-English-ዐማርኛ Dictionary

shaarito ba /šaarito ba/ (n.) before yesterday ከትናንት በፊት

shaashe kayo /šaaše kayo/ (n.) middle of Easter fasting-season እኩለ ዓም፣ ደብረ ዘይት

shaashikko /šaašikko/ (n.) whisper ሹክሹክታ

shaashoo /šààšòó/ (num.) thirty ሰላሳ

shaatiye /šaatiye/ (v.) fear መፍራት

shaatiyo /šaatiyo/ (v.) threaten ማስፈራራት

shaato /šaato/ (n.) minstrel አዝማሪ

shaawisho /šaawišo/ (n.) bone አጥንት

shaawiye /šaawiye/ (n.) taste good ጥሩ ጣዕም

shaawo /šaawo/ (n.) sweet ጣፋጭ

shaayo /šaayo/ (v.) burn (mouth) መቃጠል (አፍን)

shabaatino /šabaatino/ (num.) seventh ሰባተኛ

shabaattoo /šábààttòó/ (num.) seven ሰባት

shabatto /šabatto/ (n.) week (moon) ሳምንት (ጨረቃ)

shaboo /šàbòó/ (num.) seventy ሰባ

shace quno /šače k'uno/ (n.) bed of straw የሳር ፍራሽ

shacewo /šačewo/ (v.) thirsty, be መጠማት

shacewo /šačewo/ (n.) thirsty for water ውሃ መጠማት

shachchco /šaččco/ (v.) take a bite አንዴ መጉረስ፣ መቆመስ

shachite /šačite/ (v.) bite መንከስ

shacho /šačo/ (v.) spread, to መዘመት

shachone /šačone/ (v.) cut with milk teeth በወተት ጥርስ መቁረጥ

shaco /šačo/ (v.) leak spread የውኃ መጥለቅለቅ መስፋፋት

shaddeo /šaddeo/ (v.) walk, take a በእግር መጓዝ

Kafinoonoo-English-ዐማርኛ Dictionary

shaddo /šaddo/ (v.) change (verb) መለወጥ
shafiro /šafiro/ (n.) breakfast ቁርስ
shagaano /šagaano/ (v.) not reached አለመድረስ
shaggiite /šaggiite/ (v.) arrive, to መድረስ
shago /šago/ (n.) decorated colored and designed grass mat የሰሌን ምንጣፍ የተሸላለመ
shaheyo /šaheyo/ (v.) resemble መመሳሰል
shahi kiito /šahi kiito/ (v.) imitate መኮረጅ
shakke /šakke/ (n.) monkey ጦጣ
shakkeroo /šakkeroo/ Macaranga capensis, a tree የዛፍ ዓይነት
shakki shimbirikkoo /šakki šimbirikkoo/ (n.) Tragia pungen, a climber አለብላቢት
shalligoo /šalligoo/ (n.) idea, thinking ሃሳብ፣ አስተሳሰብ
shalliye /šalliye/ (v.) crow of a horse, donkey ማናፋት የፈረስ፣ የአህያ
shambato /šambato/ (n.) Sunday እሁድ
shameto /šameto/ (n.) a wind musical instrument መለከት
shanaafoo /šanaafoo/ (n.) mustard ሰናፍጭ
shannoo /šannoo/ (n.) Monday ሰኞ
shant'o /šant'o/ (n.) baggage ሻንጣ
sharitta /šaritta/ (n.) after tomorrow ከነገ ወዲያ
sharo /šaro/ (n.) rock ዐለት
sharrebo /šarrebo/ (n.) slope አቀበት
sharreto /šarreto/ (n.) basket of bamboo ቅርጫት ከቀርከሃ የተሰራ
sharsharoo /šaršaroo/ (n.) Malabar nut ሰንሰል

Kafinoonoo-English-*ዐማርኛ* Dictionary

shasha /šaša/ (n.) thirty ሰላሳ
shashe wite /šaše wite/ (v.) silent, be ጸጥ ያለ
shashemio /šašemio/ (v.) calm መርጋት
shashikabi /šašikabi/ (n.) November ህዳር
shashiqo /šašik'o/ (n.) whisper ሹክሹክታ
shasho /šašo/ (n.) of woman ሴት
shasho /šašo/ (n.) ornament ጌጣጌጥ
shatite /šatite/ (v.) be afraid መፍራት
shatite /šatite/ (v.) frightened, be የተፈራ
shato /šato/ (n.) coward, blunt ፈሪ
shato /šato/ (n.) frighten ፍራቻ
shato /šato/ (v.) to be afraid መፍራት
shawee /šawee/ (n.) story of the land የአገሩ ታሪኮች
shawukko /šawukko/ (n.) Dombeya torrid, a tree የዛፍ ዓይነት
shaxe daaniyo /šat'e daaniyo/ (v.) inform መረጃ መስጠት
shaxo /šat'o/ (n.) wet እርጥብ
shaxxo /šat't'o/ (n.) sharpen የተሳለ፣ የተሞረደ፣ የነቃ
she'oo /še'oo/ (n.) Allophyllas abyssinicum, a tree የዛፍ ዓይነት
sheddo /šeddo/ (n.) Sapium ellipticum, a tree የዛፍ ዓይነት
sheefe /šeefe/ (n.) asthma አስም
sheefo /šeefo/ (n.) asthma አስም
sheefo /šeefo/ (n.) dagger, knife ጩቤ፣ ቢላዋ
sheeho /šeeho/ (v.) flourish ማበብ
sheekiro /šeekiro/ (n.) one who has a big ትልቅ የሆነ

Kafinoonoo-English-*አማርኛ* Dictionary

sheekko /šeekko/ (n.) certain grass, rush የተወሰኑ ሣር፣ አፉጣኝ

sheekko /šeekko/ (n.) grass, rush ሣር፣ ጭጭታ

sheeko /šeeko/ (n.) grass for thatching የቤት ክዳን ሣር

sheello /šeello/ (n.) furnace ምድጃ

sheello /šeello/ (n.) drought ድርቅ

sheelo /šeelo/ (n.) smell bad መጥፎ ሽታ

sheemesho /šeemešo/ (n.) passage (in a book) ምንባብ (በመጽሐፉ ውስጥ)

sheemo /šeemo/ (n.) blanket (traditional) ብርድ ልብስ (ባህላዊ)

sheemo /šeemo/ (v.) give miserly በስስት፣ በንፉግነት መስጠት

sheendite /šeendite/ (v.) he hooked አያያዘ

sheendo /šeendo/ (n.) avaricious ግፍ

sheendo /šeendo/ (n.) furnace ምድጃ

sheeno /šeeno/ (v.) object ነገር

sheeno /šeeno/ (v.) refuse መቃወም፣ እንቢ ማለት

sheerato /šeerato/ (v.) long for መናፈቅ

sheerato /šeerato/ (v.) yearn for መናፈቅ

sheero /šeero/ (v.) punish መቅጣት

sheexe /šeet'e/ (n.) baboon ገመሬ ዝንጀሮ

sheexo /šeet'o/ (v.) side-glance with anger መገላመጥ

sheeyo /šeeyo/ (v.) urinate መሽናት

shefo /šefo/ (n.) large ትልቅ

shefon gonenoce kiico /šefon gonenoče kiičo/ (v.) draw the sword ሰይፍ፣ ጎራዴ መምዘዝ

shekkelo /šekkelo/ (v.) lame, be ማነከስ

Kafinoonoo-English-ዐማርኛ Dictionary

shelligo /šelligo/ (v.) think ማሰብ
shemaano /šemaano/ (v.) weaver ሸማኔ
shembexo /šembet'o/ (n.) thin bread ቂጣ
shemmete /šemmete/ (n.) articulation ርቱዕ
shengare waaxo /šengare waat'o/ (v.) miscarriage of animal የእንስሳት መጨንገፍ
shenno /šenno/ (n.) whistle ፉጨት
sheno /šeno/ (n.) whistle ፉጨት
sheqoo /šek'oo/ (n.) barley ገብስ
sheqqo /šek'k'o/ (n.) barley ገብስ
shere qochoc /šere k'očoč/ (v.) bind አስገባ
sheritta /šeritta/ (n.) six ስድስት
sheroo /šeroo/ (n.) bark of a tree ልጥ
sherrato /šerrato/ (v.) missing, be (longing) መናፈቅ
sherrita /šerrita/ (n.) day after tomorrow ከነገ ወዲያ
sheshine goro /šešine goro/ (n.) a front or backyard fence ገረገራ
shheyo /šheyo/ (n.) urine ሽንት
shichchoo /šíččòó/ (n.) sixty ስልሳ
shici /šiči/ (n.) earlier, sometime ago ቀደም ብሎ፣ ከጥቂት ቀናት በፊት
shiddo /šiddo/ (n.) heap ራስ፣ ከምር
shiffo /šiffo/ (v.) weave መሽመን
shifo /šifo/ (v.) sew መስፋት
shigo /šigo/ (n.) name ስም
shiicca /šiičča/ (n.) sixty ስልሳ
shiicciyo /šiiččiyo/ (v.) guide መመሪያ
shiici /šiiči/ (n.) advance እድገት

Kafinoonoo-English-ዐማርኛ Dictionary

shiici /šiiči/ (n.) front ፊት
shiico /šiičo/ (v.) lead መሪ
shiijero /šiijero/ (n.) age group እድሜ ክልል
shiijjete /šiijjete/ (v.) born የተወለደ
shiijo /šiijo/ (v.) raise (cattle) ማሳደግ (ከብቶች)
shiijo /šiijo/ (v.) raise, lift up ማሳደግ፣ ማንሳት
shiikko /šiikko/ (n.) nasal mucus ንፍጥ
shiiko /šiiko/ (n.) dagger, knife ጩቤ፣ ቢላዋ
shiimo /šiimo/ (v.) handle መያዣ
shiimo /šiimo/ (n.) pus መግል
shiimo /šiimo/ (v.) save መቆጠብ ለማስቀመጥ
shiimo /šiimo/ (v.) save goods መቆጠብ ምርቶችን
shiinaato /šiinaato/ (n.) bamboo ቀርከሃ
shiinato /šiinato/ (n.) bamboo grass የቀርከሃ ሣር
shiingare /šiingare/ (n.) cow ላም
shiingixo /šiingit'o/ (n.) fringe እናሳ፣ ጥቄት
shiino /šiino/ (n.) trunk (of elephant) ኩንቢ (የዝሆን)
shiiqo /šiik'o/ (v.) smell መሽተት
shiiqo /šiik'o/ (v.) sniff ማንፍነፍ
shiite /šiite/ (v.) bear child መውለድ ልጅ
shiitiyo /šiitiyo/ (v.) make sth. Fast በፍጥነት መሥራት፣ መካወን
shiito /šiito/ (v.) fast ፈጣን
shiito /šiito/ (n.) rate ደረጃ
shiitoo /šiitoo/ (n.) flower አበባ
shiitto /šiitto/ (n.) vagina ከረቤዛ
shiiyo /šiiyo/ (n.) pus መግል
shikere /šikere/ (n.) the nose አፍንጫ

Kafinoonoo-English-ዐማርኛ Dictionary

shikka niyo /šikka niyo/ (v.) coiled, be መጠምጠምለል
shikkiyo /šikkiyo/ (n.) cancer ነቀርሳ
shikko /šikko/ (n.) knife ቢላዋ
shillawo /šillawo/ (n.) basket for eating መሶብ
shillingo /šillingo/ (n.) thaler ጠገራ ብር
shimatoo /šimatoo/ (n.) waist ወገብ (ጌሽ እና ጩና)

shimbirikkoo /šimbirikkoo/ (n.) thorny cabbage like plant ሳግ
shimbrikko /šimbrikko/ (n.) Girardina divesifoilia, a herb ዕፅ
shimero /šimero/ (n.) female bamboo ሴት እንስት
shimero /šimero/ (n.) stick ዱላ፣ ሽመል
shimetoo /šimetoo/ (n.) waist ወገብ
shimiittoo /šímìttòó/ (n.) eight ስምንት
shimo /šimo/ (n.) profit ትርፍ (ለንግድ)
shimo /šimo/ (v.) to give birth መውለድ
shinaatoo /šinaatoo/ (n.) bamboo, Arundinavia, a tree ቀርከሃ
shinno /šinno/ (n.) eighty ሰማንያ
shinnoo /šìnnòó/ (n.) eighty ሰማንያ
shiqqoo /šik'k'oo/ (n.) not a relative ባዕድ
shirinete /širinete/ (n.) dull ድንዙዝ
shirittino /širittino/ (n.) sixth ስድስተኛ
shirittooo /šírìttòó/ (n.) six ስድስት
shishinno /šišinno/ (v.) to close eyes መጨፈን፣ ዐይንን መክደን
shisho /šišo/ (n.) black stone ጥቁር አለት

Kafinoonoo-English-አማርኛ Dictionary

shittete /šittete/ (v.) fast, be ፈጠነ
shixo /šit'o/ (v.) hate መጥላት
shixxeco /šit't'ečo/ (n.) enemy ጠላት
shiyimo /šiyimo/ (n.) of human ሰው
shobo /šobo/ (n.) Lantana trifolia, a herb ዕፀ
shocho /šočo/ (n.) weed አረም
shoco /šočo/ (v.) to weed out ማረም
shodadoo /šodadoo/ (n.) bald head ራስ በራ
shoddiye /šoddiye/ (v.) adorn (human) ማምለክ (ሰውን)
shodedoo /šodedoo/ (n.) bald head ራስ በራ
shokite /šokite/ (v.) be reclining መዘቅዘቅ፣ ተዳፋት መሆን
shokkaco /šokkačo/ (n.) naked እርቃን
shokkello /šokkello/ (v.) fulcrum, hinge ሽብልቅ
shoko /šoko/ (n.) slide ስላይድ
shollo /šollo/ (n.) thin injera ቀጭን እንጀራ
shombeqo /šombek'o/ (n.) elephant grass የዝሆን ሳር
shombeqo /šombek'o/ (n.) female bamboo ሴቴ ቀርከሃ
shombo /šombo/ (n.) lung (s) ሳንባ (ዎቹ)
shomekko /šomekko/ (n.) Panicum subabidum, a grass type የሳር ዓይነት
shonkoro /šonkoro/ (n.) sugar cane ሽንኩራ አገዳ
shoohgoo /šoohgoo/ (n.) leaf of enset dry ደረቅ የእንሰት ቅጠል
shooho /šooho/ (v.) harvest አዝመራ
shooho /šooho/ (v.) seed ዘር
shooho /šooho/ (v.) to plant to sow መዝራት
shookayo /šookayo/ (v.) empty out ባዶ፣ አና ማድረግ

Kafinoonoo-English-ዐማርኛ Dictionary

shookketne /šookketne/ (v.) it is planted it is sowed ተዘራ፣ ተተከለ
shookkiitone /šookkiitone/ (v.) he has made sowed, planted አስዘራ፣ አስተከለ
shookko /šookko/ (v.) to be sowed to be planted መዝራት
shooko /šooko/ (n.) empty ባዶ
shookoo /šookoo/ (n.) penis uncircumcised ወሽላ
shoollo /šoollo/ (n.) injera እንጀራ
shoophpho /šoop'p'o/ (n.) armpit ብብት
shoopo /šoopo/ (n.) marriage, call back for invitation ጋብቻ፣ እንደገና መጋበዝ
shoosho /šoošo/ (n.) lamentation እንጉርጉሮ
shooto /šooto/ (v.) take off cloth ጨርቅ አውጣ
shoowe geene /šoowe geene/ (n.) old man አሮጌው ሰው
shoqello /šok'ello/ (n.) crooked ጠማማ
shoqqo /šok'k'o/ (n.) digging instrument for farm መቆፈሪያ
shoqqo /šok'k'o/ (n.) insert ጣልቃ
shoritto /šoritto/ (v.) slide, to ተንሸራታች፣ ወደ
shosho /šošo/ (v.) announce the death ማርዳት
shottoo /šottoo/ (v.) snatch ወጥመድ
showe borisho /šowe borišo/ (n.) land slide ናዳ
showo /šowo/ (n.) country አገር
showo /šowo/ (n.) ground መሬት
showo /šowo/ (n.) land መሬት
showo wan /šowo wan/ (n.) landwards መሬት
showoo /šowoo/ (n.) earth ምድር

Kafinoonoo-English-ዐማርኛ Dictionary

shoyo /šoyo/ (v.) kidnapping ጠለፋ
shuʔane taho /šuʔane taho/ (n.) wet cloth እርጥብ ጨርቅ
shuʔo /šuʔo/ (v.) dry out; dry, be መድረቅ
shuʔo /šuʔo/ (n.) pus መግል
shucho /šučo/ (v.) to be loved መፈቀር
shucho /šučo/ (v.) to be kissed መሳም
shueegio (refl) /šueegio/ (v.) climb for animals to have sex ለመሰረር ሴቷ እንሳ ላይ መፈናጠጥ
shukko /šukko/ (n.) fork ሹካ መንሽ
shukkuukkillo /šukkuukkillo/ (n.) swing ሽዋሽዌ
shumbero /šumbero/ (n.) kidney ኩላሊት
shumbiroo /šumbiroo/ (n.) flute ዋሽንት
shumburo /šumburo/ (n.) flute ዋሽንት
shumburo /šumburo/ (n.) the pipe (flute) ቱቦ (ዋሽንት)
shumo /šumo/ (v.) kiss, to መሳም
shungo /šungo/ (n.) smell [therein] ማሽተት
shuniyo /šuniyo/ (n.) reconciling ማስታረቅ
shunne mayo/e /šunne mayo/e/ (n.) affiance ታማኝነት
shunnehete /šunnehete/ (v.) love each other እርስ በርስ ይዋደዳሉ
shunniye /šunniye/ (v.) love ፍቅር
shuno /šuno/ (v.) love, to መውደድ
shuno /šuno/ (v.) reconcile ማስታረቅ
shuno /šuno/ (v.) reconciliation እርቅ
shuriti gasho /šuriti gašo/ (v.) lose teeth ጥርሶችን አጥፋ
shuro /šuro/ (n.) peas, mashed የአተር ዱቄት፣ ሽሮ
shuro /šuro/ (n.) trousers ሱሪ
shurriko /šurriko/ (v.) wake up , to ከእንቅልፍ፣ እስከ

Kafinoonoo-English-ዐማርኛ Dictionary

shutoo /šutoo/ (n.) grass, abundant ሣር፣ የበዛ
shuugo /šuugo/ (v.) climb for animals to have sex ለመሰረር ሴት እንሳ ላይ መፈናጠጥ
shuuko /šuuko/ (n.) smallpox ፈንጣጣ
shuune /šuune/ (n.f) mosquito ቢምቢ
shuune abo /šuune abo/ (n.) working day የስራ ቀን
shuunecco /šuunečšo/ (n.) worker ሠራተኛ
shuunite /šuunite/ (v.) arbitrate መዳኘት
shuuno /šuuno/ (n.) mosquito (m) ቢምቢ
shuuno /šuuno/ (n.) work ሥራ
shuurikko /šuurikko/ (v.) moving it (shaking it) ማንቀሳቀስ መወዝወዝ
shuurisho /šuurišo/ (n.) belt, a ቀበቶ
shuuro /šuuro/ (v.) move መንቀሳቀስ
shuuro /šuuro/ (n.) knot, core-tying ድምድማት
shuutoo /šuutoo/ (n.) backbone, spine ጀርባ አጥንት አከርካሪ
shuutto /šuutto/ (v.) sip, to ፉት ማለት
shuwo wuʔoo /šuwo wuʔoo/ (n.) a farm utensil, ligament ምራን
shuxxe ayero /šutʼtʼe ayero/ (v.) humid, be መርጠብ

TH th

tʼiishiyo alle /tʼiišiyo alle/ (v.) There is no verifying ማረጋገጥ የለም

Kafinoonoo-English-ዐማርኛ Dictionary

T t

ta /ta/ (pron.) I እኔ
ta?e sheddo /ta?e šeddo/ (n.) change the place ቦታውን መቀየር
taa /taa/ (pron.) my የእኔ
taacco /taaččo/ (v.) fulfill ማሟላት
taace asho /taače ašo/ (n.) matured man አዋቂ ሰው
taaciye /taačiye/ (v.) cut hair ጸጉር ማስተካከል
taaco /taačo/ (v.) measure, to መለካት
taage yaa?o /taage yaa?o/ (n.) hail አቤቷ
taagete /taagete/ (n.) argument in court ክርክር በፍርድ ቤት
taago /taago/ (n.) argument in court ክርክር በፍርድ ቤት
taago /taago/ (v.) dispute ክርክር
taaheco /taahečo/ (n.) weak ደካማ
taaho /taaho/ (v.) weak, be መድከም
taajjo /taajjo/ (n.) appointment ቀጠሮ
taakko alliyo /taakko alliyo/ (v.) destroy, be አጥፋ
taappo /taappo/ (n.) damp area ርጥብ ቦታ
taappo /taappo/ (n.) swamp ረግረግ
taati tino /taati tino/ (v.) reins መንገስ
taato /taato/ (n.) king ንጉስ
taccayo /taččayo/ (n.) Monday ሰኞ
taggo /taggo/ (v.) debating in the reconciliation process in the presence of a mediator በሽምጋዩ ፊት በማስታረቅ ሂደቱ ላይ ክርክር
tahe koyoo /tahe koyoo/ (v.) sew a cloth አንድ ጨርቅ ጨርቅ

Kafinoonoo-English-አማርኛ Dictionary

tahite /*tahite*/ (v.) be tired ደከመ
tahiye /*tahiye*/ (v.) tired, be መድከም
taho /*taho*/ (n.) cloth, clothes ልብስ፤ ልብስ
taho /*taho*/ (n.) clothing ልብስ
taho /*taho*/ (v.) wear መልበስ
takkiyo /*takkiyo*/ (n.) Tuesday ማክሰኞ
tamaraachi /*tamaraači*/ (v.) not learned ያልተማረ
tane /*tane*/ (v.) I am እኔ ነኝ
tate shero /*tate šero*/ (n.) rule ደንብ
tatebe diho /*tatebe diho*/ (v.) tremble ተንቀጠቀጠ
tatetto /*tatetto*/ (n.) level ደረጃ
tato /*tato*/ (n.) all right እሺ
tato /*tato*/ (n.) equal እኩል
tato /*tato*/ (v.) right, correct ትክክል፤ ትክክል
tattello /*tattello*/ (v.) tremble መንቀጥቀጥ መንገዳገድ
tebbeyoo /*tebbeyoo*/ (v.) sweeping on air መራገፍ
tebbo /*tebbo*/ (v.) sweeping on air ማራገፍ
tecce /*tečče*/ (n.) sister-in-law አማት
teefo /*teefo*/ (n.) heart ልብ
teego /*teego*/ (n.) filter ማጣሪያ
teendo /*teendo*/ (n.) button አዝራር
tepho /*tep'o*/ (n.) wheat ስንዴ
ticco /*tičo*/ (n.) hog, wild pig ክርክሮ፤ የዱር አሳማ
tifo /*tifo*/ (v.) propose for a marriage ማጨት (ለጋብቻ)
tiggico /*tiggičo*/ (v.) shake, to መነቅነቅ
tiggo /*tiggo*/ (n.) filter for local beer የጠላ ወንፊት
tiicciye /*tiiččiye*/ (v.) break መስበር
tiiggo /*tiiggo*/ (v.) drain, to ማጠንፈፍ

Kafinoonoo-English-ዐማርኛ Dictionary

tiijjo /tiijjo/ (locat.) up ላይ
tiijo /tiijo/ (v.) pick up ማንሳት
tiijo /tiijo/ (v.) raise ማደግ
tiijo /tiijo/ (v.) wake up ነቃ
tiimmoce /tiimmoče/ (n.) at the beginning በ ... መጀመሪያ
tiimo /tiimo/ (v.) rise, get up ተነሰ

tiqqo /tik'k'o/ (v.) carry on the back or on the arms ማዘል በእጅ መያዝ
tocciye /toččiye/ (v.) tell a story ታሪክን ይንገሩ
tocho tochahe /toĉo toĉahe/ (v.) telling of tales መተረክ
tokka /tokka/ (locat.) with ከ... ጋራ
tokketete /tokketete/ (v.) be asleep ተኛ
tokketoo /tokketoo/ (n.) sleep እንቅልፍ
tolle kotio /tolle kotio/ (v.) obstruct the road መንገዱን አገድ
tommoc /tommoč/ (locat.) top, upper ከላይ፣ በላይ
tooco /tooĉo/ (n.) proverb ምሳሌያዊ አነጋገር፣ ተረትና ምሳሌ
took /took/ (n.) cliff ጫፍ
toollo /toollo/ (v.) hinder ገድብ
toollo /toollo/ (v.) obstacle መሰናክል
toomo /toomo/ (n.) seed ዘር (የሰው)
toon /toon/ (n.) no አይደለም
toonone /toonone/ (n.) no አይደለም
toopt /toopt/ (n.) ball, small of wood የእንጨት ኳስ ሩር
tooto /tooto/ (v.) stretching - newly skinned animal leather ቆዳ መወጠር የእንሰሳን

tootto /*tootto*/ (v.) defend ተከላካይ
tottiyo /*tottiyo*/ (n.) fight ተዋጉ
tu chapho ?ን /*tu čap'o ?ን*/ (locat.) up ወደላይ
tuɁo /*tuɁo*/ (v.) push ግፊት
tubo /*tubo*/ (n.) race, human ዘር፣ ሰው
tukkite /*tukkite*/ (v.) raid by ants ወረራ (በጉንዳኖች)
tumiye /*tumiye*/ (n.) widow መበለት
tunete /*tunete*/ (v.) become መሆን
tungo /*tungo*/ (v.) hinder አገደ
tunniyo /*tunniyo*/ (v.) make አከናውን
tuphee mixo /*tup'ee mit'o*/ (v.) mortaring enset's root የቆጮ ሥር መደቀደቅ
turingo /*turingo*/ (n.) lemon ሎሚ
turito /*turito*/ (v.) guessing game ጨዋታ በመገመት
turo /*turo*/ (n.) hornless for cattle ጎዳ ቀንደ-ቢስ ከብት
tusho /*tušo*/ (n.) bush, shrub ቡሽ፣ ቁጥቋጦ
tusho /*tušo*/ (v.) not know አለማወቅ
tushshe muuricho /*tušše muuričo*/ (n.) err ስህተት
tushsho /*tuššo*/ (n.) err who does not know ያላወቀ
tuto /*tuto*/ (n.) wound of hot weather የቆላ ቁስል
tuubo /*tuubo*/ (v.) to cut መቁረጥ
tuucco /*tuuččo*/ (n.) bone under eyes የዐይኑ አጥንት ይታያል
tuuge /*tuuge*/ (v.) steep ቀጥ ያለ ዳገት
tuullo /*tuullo*/ (n.) ashes አመድ
tuumo /*tuumo*/ (v.) show be in sad mood መተከዝ
tuuniyo /*tuuniyo*/ (v.) conduct ምግባር
tuuppo /*tuuppo*/ (v.) to be cut መቆረጥ

Kafinoonoo-English-ዐማርኛ Dictionary

tuurito /*tuurito*/ (n.) riddle እንቆቅልሽ
tuuto /*tuuto*/ (n.) mortar, pestle ሙቀጫ ዘነዞና
tuutto /*tuutto*/ (n.) hammer መዶሻ

U u

ubba /*ubba*/ (n.) all, everything ሁሉም፣ ሁሉም ነገር
ubbi /*ubbi*/ (n.) all, everything ሁሉም፣ ሁሉም ነገር
ubbo /*ubbo*/ (v.) pound መውቀጥ መፍጨት
ubo /*ubo*/ (v.) to heap something መከመር
ucca /*učča*/ (n.) five አምስት
ucci caamo /*učči čaamo*/ (n.) root of enset የእንሰት ሥር
uchoo /*učoo*/ (v.) cultivate for weed-removing መኮትኮት
ufo /*ufo*/ (v.) curse, to መራገም
ufo /*ufo*/ (n.) gat measurement between two fingers stretched ስንዝር
ufo /*ufo*/ (n.) handful (palmful) እፍኝ
ufo /*ufo*/ (n.) contents of the hollow of hand ጭብጥ
ufo /*ufo*/ (n.) curse እርግማን
ufoo /*ufoo*/ (n.) Asparagus africanus, a tree የዛፍ ዓይነት
ukkiro /*ukkiro*/ (n.) posts ልጥፎች
ukko /*ukko*/ (v.) stir መበጥበጥ
uko /*uko*/ (n.) cape ቆብ
ukoo /*ukoo*/ (v.) lick ማፍሰስ
unee acho /*unee ačo*/ (n.) spring ጸደይ
uppo /*uppo*/ (n.) cursing እርግማን
uqqo /*uk'k'o*/ (n.) twist ታጣፊ

Kafinoonoo-English-ዐማርኛ Dictionary

urmace maace /urmače maače/ (n.) young woman ወጣት ሴት
urre /urre/ (n.) woman ሴት
urro /urro/ (n.) human ሰው
usho /ušo/ (v.) swipe and hold ማፈስ
ushsheto /uššeto/ (v.) impure, be ያልጠራ
ushshiyo /uššiyo/ (v.) mixed, be መቀላቀል
ushsho /uššo/ (n.) mix (the thing) ቅልቅል (ነገሩ)
ushsho /uššo/ (n.) mix for solid ማጣበቅ
utto /utto/ (n.) soil አፋራ
uubete /uubete/ (n.) heap ከምችት
uubo /uubo/ (n.) heap ከምር
uubo /uubo/ (n.) heap ከምር
uubo /uubo/ (v.) pile up መከመር
uuchilloo /uučilloo/ (n.) Impatiens tinctoria እንሶስላ
uudo /uudo/ (n.) dirt ቆሻሻ
uufeno /uufeno/ (n.) stupid ደደብ
uukko /uukko/ (n.) cover! ሽፋን!
uukko /uukko/ (v.) leak መፍሰስ
uullete /uullete/ (v.) deaf, be መስማት የተሳነው
uullo /uullo/ (n.) deaf ደንቆሮ
uulloo /uulloo/ (n.) highland ኮረብታ፣ ከፍ ያለ ቦታ፣ ደጋ
uummo /uummo/ (v.) narrow, be ጠባብ መሆን
uunno /uunno/ (n.) pond ኩሬ
uuno /uuno/ (v.) leak backbite አፈሰሰ፣ አማ
uuxaro /uut'aro/ (n.) fence አጥር
uuxero /uut'ero/ (n.) bad (useless) fence መጥፎ (የማይረባ) ቅጥር

Kafinoonoo-English-ዐማርኛ Dictionary

uuxo /uut'o/ (n.) ensete, banana-like plant እንሰት
uxxero /ut't'ero/ (v.) short, be ማጠር
uyo /uyo/ (v.) to drink መጠጣት
uyoc imo /uyoč imo/ (v.) give to መስጠት
uyoo /uyoo/ (n.) drink ጠጥቷል
uyyo /uyyo/ (v.) drink up ጠጣ

W w

waagoo /waagoo/ (n.) a type of plant ብሳና
waakko /waakko/ (v.) swim, to መዋኘት
waako /waako/ (v.) swim, to መዋኘት
waallo /waallo/ (v.) grow አሳድግ
waamo /waamo/ (n.) ear ጆሮ
waamo /waamo/ (n.) leaf ቅጠል
waaro /waaro/ (n.) weak ደካማ
waaxe /waat'e/ (v.) cut grass ሣር መቁረጥ
waaxo /waat'o/ (v.) pick up ነቀላ
waaxo /waat'o/ (v.) pluck out ተነሱ
waaxo /waat'o/ (v.) to uproot, unplug መንቀል
waayiite /waayiite/ (v.) accuse ክስ
waayo /waayo/ (n.) case, accusation ጉዳይ፣ ክስ
waayo /waayo/ (v.) complain አቤቱታ ስሞታ ማሰማት
wacet mici chammo /wačet miči čammo/ (v.) fall with the root ከሥር መነቀል
waceti qello /wačeti k'ello/ (v.) fall out, hair የጸጉር መነቀል
wajji ducho /wajji dučo/ (n.) ear trunk የጆሮ ግንድ

111

Kafinoonoo-English-አማርኛ Dictionary

wan /*wan*/ (locat.) at በ
wan /*wan*/ (n.) toward ወደ
warije /*warije*/ (n.) any ማንኛውም
wedero /*wedero*/ (n.) rope ገመድ
wejjo /*wejjo*/ (v.) decorate ማስዋብ
wella /*wella*/ (n.) machete ማጭድ፣ ገጀራ፣ ወሌ
wellete /*wellete*/ (n.) blind ዓይነ ስውር
wello /*wello*/ (n.) leaf of enset የእሳት እራስ
werefa kindo /*werefa kindo*/ (n.) lower, get down ታች፣ ታች
weshshenoo /*weššenoo*/ (n.) pot for porridge ገንፎ ለስላሳ
woʔe /*woʔe*/ (n.) bride ሙሽሪት
woʔenaʔo /*woʔenaʔo*/ (n.pl) brides ሙሽራ
wocci /*wočči*/ (v.) win ማሸነፍ
wocciye /*woččiye*/ (v.) return መመለስ
wocciyoo /*woččiyoo*/ (v.) send ላከ
wocco /*wočřo*/ (v.) answer መልስ
wocco /*wočřo*/ (v.) be back, return ተመለሰ፣ ተመለሰ
wocco /*wočřo*/ (v.) send መላክ
wochchiye /*woččiye*/ (adv) away from መለየት፣ መራቅ
wochcho /*woččo*/ (v.) melt for others ለሌሎች ቀልጧል
wocho /*wočo*/ (v.) run መሮጥ
woco /*wočo*/ (v.) to run መሮጥ
wocoo /*wočoo*/ (n.) order ትእዛዝ
woddi maamo /*woddi maamo*/ (v.) eat መመገብ
wodditino /*wodditino*/ (n.) well being ደህንነት
woddo /*woddo*/ (n.) lot ዕጣ
woddo /*woddo*/ (n.) well መልካም

Kafinoonoo-English-አማርኛ Dictionary

woddona /*woddona*/ (v.) numerous, be ሙብዛት፣ ብዙ መሆን

woddoo /*woddoo*/ (n.) many, much ብዙ

wode tuno /*wode tuno*/ (v.) well, be መልካም፣ ደህና መሆን

wodite /*wodite*/ (v.) healed, be ተፈወሰ

wodiyo /*wodiyo*/ (n.) save, human ሰው አድን

wodo /*wodo*/ (v.) heal ፈውሱ

woe keno /*woe keno*/ (n.) groom ሙሽራ

wohhoce /*wohhoče*/ (v.) far from የተራራቀ

woho /*woho*/ (n.) distant, far ሩቅ

wojo /*wojo*/ (n.) the traditional clothes in the Kafa area የካፋ ባሕላዊ ልብስ

wokkacho /*wokkačo*/ (n.) person from whom distance is needed, being far ሊርቁት የሚፈልጉት ሰው

wokkee /*wokkee*/ (n.) foot print ኩቴ፣ ዳና

wokkiye /*wokkiye*/ (v.) far, be መራቅ

wokkiyo /*wokkiyo*/ (v.) prevent ማገድ

wolloo /*wolloo*/ (n.) blind ዓይነ ስውር

wondafo /*wondafo*/ (n.) cloth for women ጨርቅ (ለሴቶች)

wongo /*wongo*/ (n.) civet cat ጥርኝ

wonne gorooba /*wonne gorooba*/ (n.) long ago ድሮ

woob /*woob*/ (v.) come ና!

wooccino /*wooččino*/ (n.) again በድጋሚ

wooco /*wooco*/ (v.) reply መልስ

woode /*woode*/ (n.) much ብዙ

woogago /*woogago*/ (n.) typhoid ተስቦ

woogo /*woogo*/ (v.) swear, to መሳደብ

Kafinoonoo-English-ዐማርኛ Dictionary

woojjoo /woojjoo/ (n.) mat ገሳ
woojo /woojo/ (n.) dowry for married couples ትዳር መውጫ ለባለትዳሮች
wooni /wooni/ (n.) legend አፈ ታሪክ
woono /woono/ (v.) alone, who eats and drinks ብቻውን መብላትና መጠጣት ይችላል
woono /woono/ (n.) miser ንፉግ
woonoo /woonoo/ (v.) give miserly በንፍገት መለገስ፤ መንቆጥቆጥ
woqqa qillo /wok'k'a k'illo/ (n.) crooked ጠማማ
woqqo /wok'k'o/ (v.) filter with sieve ማንጋለል በወንፊት
worafe (rasho) /worafe (rašo)/ (n.) official ባለሰልጣን
woraferashitino /woraferašitino/ (n.) chieftain አለቃ
worafo /worafo/ (n.) chief አለቃ
worasho /worašo/ (v.) confiscate መውረስ
worasho /worašo/ (v.) possess ባለቤት መሆን
worasho /worašo/ (n.) possession ባለቤትነት
worasho /worašo/ (v.) take መውሰድ
worbaabbo /worbaabbo/ (n.) butterfly ቢራቢሮ
worefo /worefo/ (n.) hot ሞቃት
worefo /worefo/ (n.) low lands ዝቅተኛ መሬት
woriwabbo /woriwabbo/ (n.) butterfly ቢራቢሮ
worrihe /worrihe/ (n.) noisy (children) ጩኸት (ልጆች)
worwa /worwa/ (n.) news ዜና
woshiʔo /wošiʔo/ (n.) brown ጠይም (ለሰው)
woshiqe shuyo /wošik'e šuyo/ (v.) thread a needle በመርፌ ያስረዋል
woshiqo /wošik'o/ (n.) thread ክር

114

Kafinoonoo-English-ዐማርኛ Dictionary

wota /wota/ (conj.) and እና
wota /wota/ (n.) beside ጎን
woto /woto/ (v.) return ተመለሰ
woxxo /wot't'o/ (n.) sauce መቧያ
woxxo /wot't'o/ (n.) stew መቧያ
wuchcho /wuččo/ (v.) sprinkle እጠፍ
wuci kucho /wuči kučo/ (n.) enset እስለቀቀ
wullo /wullo/ (n.) bird's hair የአዕዋፍ ጸጉር
wundifo /wundifo/ (n.) Apodytes dimidiate, a tree የዛፍ ዓይነት
wuqqeyoo /wuk'k'eyoo/ (v.) to be twisted መጠምዘዝ
wuqqoo /wuk'k'oo/ (v.) twist, to መጠምዘዝ
wuro /wuro/ (n.) big ትልቅ
wuro wabe /wuro wabe/ (n.) mole የእሳት እራት
wurro abo /wurro abo/ (n.) fire fly የእሳት እራት
wuulisho /wuulišo/ (n.) high tide ከፍተኛ ማዕበል
wuullo /wuullo/ (n.) feather ላባ
wuximi /wut'imi/ (n.) poison መርዝ
wuxo /wut'o/ (v.) kill መግደል

X x

xaʔeyoo /t'aʔeyoo/ (v.) to mix ማደባለቅ
xaʔo /t'aʔo/ (n.) place ቦታ
xaʔoo /t'aʔoo/ (v.) to mix ማደባለቅ
xaamo /t'aamo/ (n.) foot, leg እግር
xaaqqo /t'aak'k'o/ (n.) grinding stone የወፍጮ ድንጋይ
xabeʔo /t'abeʔo/ (n.) waste ፈርስ

Kafinoonoo-English-ዐማርኛ Dictionary

xaccafo /t'aččafo/ (n.) nibble በርትቶ መንዘ፣ ርቆ መንዘ
xacho /t'ačo/ (v.) wind up መጠቅለል
xaci koyo /t'ači koyo/ (n.) middle size መካከለኛ መጠን
xale yongo /t'ale yongo/ (v.) clear weather, become የአየሩ ብራ መሆን
xalo /t'alo/ (n.) clean ንጹህ
xammo /t'ammo/ (v.) suck, to መጥባት
xano /t'ano/ (n.) breast ጡት
xano /t'ano/ (n.) breast of a man የወንድ ጡት
xaphxapayo /t'ap't'apayo/ (n.) grey ጉብስማ
xappisho /t'appišo/ (v.) burst, to መፈንዳት
xaqo /t'ak'o/ (n.) stone ድንጋይ
xaqqe hidde yiʔe kuno /t'ak'k'e hidde yiʔe kuno/ (n.) small brush made of grass ሙሬ
xaqqe maano /t'ak'k'e maano/ (n.) upper grinding stone መጅ
xaqqo /t'ak'k'o/ (n.) store ሱቅ
xaqqo /t'ak'k'o/ (v.) tighten ማጥበቅ
xaqqoo /t'ak'k'oo/ (n.) stone mineral የድንጋይ ማዕድን
xebbo /t'ebbo/ (v.) narrow, be መጥበብ
xebelo /t'ebelo/ (n.) mineral water የተፈጥሮ ውሃ
xeephpho /t'eep'p'o/ (n.) bottom, lower ታች፣ ታች
xeeyo /t'eeyo/ (n.) lightning መብረቅ
xeeyo /t'eeyo/ (n.) thunder ነጎድጓድ
xeeyo xeejite /t'eeyo t'eejite/ (v.) thunder ነጎድጓድ
xekaree /t'ekaree/ (n.) viper እፉኝት (ጌሸና ጨፍና)
xekece /t'ekeče/ (n.) viper እፉኝት
xekeree /t'ekeree/ (n.) viper እፉኝት

Kafinoonoo-English-ዐማርኛ Dictionary

xeko /t'eko/ (v.) flatten, pound መጠፍጠፍ
xeno /t'eno/ (n.) breast variation የጡት መለዋወጥ
xepho /t'ep'o/ (n.) root ስር
xeppeello /t'eppeello/ (n.) sling ወንጭፍ
xeqqo /t'ek'k'o/ (n.) mud on the road የመንገድ ጭቃ
xermuse tishsho /t'ermuse tiššo/ (n.) smash ፍጭ
xibenaʔo /t'ibenaʔo/ (n.) parents ወላጆች
xifec /t'ifeč/ (n.) pregnant እርጉዝ
xigaago /t'igaago/ (n.) Ficus thonningi, an epiphyte ጥገኛ ተክል
xigaago /t'igaago/ (n.) parasitic plant ጥገኛ ተክል
xiibo /t'iibo/ (n.) relative ዘመድ
xiisho /t'iišo/ (n.) calm ጸጥ አለ
xiisho /t'iišo/ (n.) proof ማስረጃ
xiixole /t'iit'ole/ (n.) antelope ሚዳቋ
ximbeto /t'imbeto/ (n.) rain bow ቀስተ ደመና
ximbo /t'imbo/ (n.) lyre ክራር
xiqeyo /t'ik'eyo/ (v.) grudge ቂም
xiriʔo /t'iriʔo/ (v.) wipe, massage መለጠፍ
xoʔo /t'oʔo/ (v.) move aside ተንዙ
xobbiye /t'obbiye/ (v.) hit መዝለጥ
xogo /t'ogo/ (v.) hurried, you ፍጠን
xogo /t'ogo/ (n.) lock ቁልፍ
xojeno /t'ojeno/ (n.) star ኮከብ
xojjeno /t'ojjeno/ (n.) stars ኮከቦች
xoobo /t'oobo/ (v.) to hit መምታት
xoofo /t'oofo/ (n.) container of wine የወይን ጠርሙስ

Kafinoonoo-English-ዐማርኛ Dictionary

xoofo /t'oofo/ (n.) cup of horn for drink. Beer ጽዋ ለመጠጥ ቡቃያ
xooppo /t'ooppo/ (v.) to be hit መመታት
xooro /t'ooro/ (n.) awl ጉጉት
xooro /t'ooro/ (n.) type of bird ቄራ
xoroo /t'oroo/ (n.) light-weight but big stone ቦሃ
xuʔo /t'uʔo/ (v.) push መግፋት
xuccoo /t'uččoo/ (n.) bribe ጉቦ
xuche memo /t'uče memo/ (v.) slander ስም ማጥፋት
xum /t'um/ (n.) evening ምሽት
xum /t'um/ (n.) night ለሊት
xumi qellayo /t'umi k'ellayo/ (n.) mid night እኩል ሌሊት
xummete /t'ummete/ (v.) evening, be መምሸት
xuubo /t'uubo/ (n.) obstacle እንቅፋት
xuugo /t'uugo/ (v.) log ግንድ መቁረጥ፣ መፍለጥ
xuugo /t'uugo/ (n.) trunk (of wood) ግንድ
xuumona /t'uumona/ (n.) at night በሌሊት
xuupho /t'uup'o/ (n.) stream ምንጭ
xuuro /t'uuro/ (n.) iron ብረት

Y y

yaaʔo /yaaʔo/ (n.) bridge ድልድይ
yaaʔo /yaaʔo/ (n.) morning, dawn ማለዳ፣ ንጋት
yaaʔona /yaaʔona/ (n.) at night በሌሊት
yaabite /yaabite/ (v.) administer, entertain ማስተዳደር፣ ማዝናናት
yaabo /yaabo/ (v.) lead መሪ

Kafinoonoo-English-ዐማርኛ Dictionary

yaabo /*yaabo*/ (n.) spear handle (shaft?) የጦጣ መያዣ፣ ዘንግ

yaac /*yaač*/ (n.) tomorrow ነገ

yaacho /*yaačo*/ (n.) small ትንሽ

yaaci /*yaači*/ (n.) tomorrow ነገ

yaaddo /*yaaddo*/ (v.) bidding defiance የመጫረቻ ማጭበርበር

yaado /*yaado*/ (v.) swing ዥዋ

yaagite /*yaagite*/ (n.) alive በሕይወት ያለ

yaagiyo /*yaagiyo*/ (v.) preserve መጠበቅ

yaago /*yaago*/ (v.) spread, to መዛመት፣ መስፋፋት

yaago /*yaago*/ (v.) stay away ራቀ፣ ተለየ

yaago /*yaago*/ (v.) unfold ተዘርግቲል

yaajire /*yaajire*/ (v.) cut in to stripes መቆራረጥ በትናንሹ

yaakirite /*yaakirite*/ (v.) conduct a guest አንድ እንግዳ ማስተዳደር

yaamma wuxo /*yaamma wut'o*/ (v.) fly killer ዝንብ ገዳይ

yaamo /*yaamo*/ (n.) fly, a ዝንብ

yaangixa phishi /*yaangit'a p'iši*/ (n.) April ሚያዚያ

yaarimbo /*yaarimbo*/ (n.) wasp ጢንዚዛ

yaayito /*yaayito*/ (n.) nightmare ቅዠት

yafero /*yafero*/ (n.) finger ጣት

yaggeyoo /*yaggeyoo*/ (v.) to be laid መነጠፍ

yaggoo /*yaggoo*/ (v.) to put lay flat ማንጠፍ

yaggoo /*yaggoo*/ (v.) to stretch መዘርጋት

yaggoo /*yaggoo*/ (n.) stretcher አንጋፊ፣ ዘርጊ

yahoo /*yahoo*/ (n.) Olea welwetschia, a tree የዛፍ ዓይነት

Kafinoonoo-English-ዐማርኛ Dictionary

yajjero /*yajjero*/ (n.) sieve for cereals ወንፊት
yajjirite /*yajjirite*/ (v.) cut meat in to stripes ለመቁረጥ ሥጋውን ይቄረጡ
yameshe gabo /*yameše gabo*/ (n.) Aspilia mossambicensis, a herb ዕፅ
yammoo /*yammoo*/ (n.) bar ቡና ቤት
yango /*yango*/ (n.) corn በቆሎ
yarrimo /*yarrimo*/ (n.) harvest መከር
yarrimo /*yarrimo*/ (n.) hate ጥላቻ
yawro /*yawro*/ (n.) beautiful ቆንጆ
yayo /*yayo*/ (n.) looker ተመልካች
yeboo /*yeboo*/ (n.) Phoenix reclinata, a tree የዛፍ ዓይነት
yeebe mixxo /*yeebe mit't'o*/ (n.) palm tree የዘንባባ ዛፍ
yeebo /*yeebo*/ (n.) mat of palm tree የሰሌን ምንጣፍ
yeebo /*yeebo*/ (n.) palm tree የዘንባባ ዛፍ
yeeco /*yeečo*/ (n.) locust አንበጣ
yeelo /*yeelo*/ (v.) embarrassed, be ማፈር
yeelo /*yeelo*/ (n.) of tail ጅራት፣ ጭራ
yeer chuudito /*yeer čuudito*/ (v.) anoint (by God) መቀባት (እግዚአብሔር)
yeeri /*yeeri*/ (n.) God, sky እግዚአብሔር፣ ሰማይ
yeero /*yeero*/ (n.) seed ዘር (ለእህል)
yeero /*yeero*/ (n.) sky, God ሰማይ፣ እግዚአብሔር
yeeshiyo /*yeešiyo*/ (v.) connect ማገናኘት፣ መቀላቀል
yeeshiyo /*yeešiyo*/ (v.) make a fire in a fire place እሳት ማቀጣጠል ምድጃ ውስጥ
yeesho /*yeešo*/ (v.) catch መያዝ
yeesho /*yeešo*/ (v.) handle መያዣ

Kafinoonoo-English-አማርኛ Dictionary

yeesho /yeešo/ (v.) mend, repair ማደስ፣ ጥገና
yeesho /yeešo/ (v.) seize መያዝ
yeexite /yeet'ite/ (v.) beat መምታት
yeeyito /yeeyito/ (n.) kidney ኩላሊት
yellecco /yellečřo/ (n.) timid ዐይን አፋር
yellete /yellete/ (v.) ashamed, be እፍረት
yemo /yemo/ (n.) Landolphia buchananii, a climber የሐረግ ዓይነት
yeqefec /yek'efeč/ (n.) pregnant እርጉዝ
yerro /yerro/ (n.) plant seed ተክል
yesho /yešo/ (n.) container እቃ
yesho /yešo/ (v.) touch መንካት
yeshsheto /yeššeto/ (n.) bind debtor with creditor ባለእዳና አበዳሪን ማቆራኘት
yeshsho /yeššo/ (v.) hold ያዝ
yexero /yet'ero/ (n.) lazy (see weak) ሰነፍ (ደካማ አይሁን)
yexi muxo /yet'i mut'o/ (n.) hammer (wooden) መደሻ (ከእንጨት)
yexo /yet'o/ (v.) to hit መምታት
yexo /yet'o/ (v.) to hit repeatedly መደብደብ
yexo /yet'o/ (v.) to make rope መገመድ
yexxo /yet't'o/ (v.) hit መምታት
yeyitoo /yeyitoo/ (n.) kidney ኩላሊት
yeyo /yeyo/ (n.) wealth ሀብት፣ ሲሳይ፣ አዳኛ
yi'o /yiʔo/ (n.) the fiber from ensete የእንሰት ጭረት
yibaato /yibaato/ (v.) speak to መናገር
yiiʔo /yiiʔo/ (n.) fiber of the enset plant የእንሰት ጭረት
yiibano /yiibano/ (n.) vertical ቀጥ ያለ፣ ረባዳ

Kafinoonoo-English-ዐማርኛ Dictionary

yiibateb /yiibateb/ (locat.) out ወዒዮ

yiibateyoc giiriko /yiibateyoč giiriko/ (v.) make አከናውን

yiibato /yiibato/ (v.) converse, talk መነጋገር

yiic /yiič/ (n.) yesterday ትላንትና

yiic xum /yiič t'um/ (n.) last መጨረሻ

yiikko /yiikko/ (v.) grind to መፍጨት

yiimano /yiimano/ (n.) barren steep slope vertical ረባዳ

yiiro /yiiro/ (n.) shade ጥላ

yiiro /yiiro/ (n.) shadow ጥላ

yiiro /yiiro/ (v.) wind ነፋስ

yiitite /yiitite/ (v.) be sleepy ተኛ

yiito /yiito/ (n.) bow ቀስት

yiixena /yiit'ena/ (num.) ninety ዘጠና

yiixia /yiit'ia/ (num.) nine ዘጠኝ

yiixiyoo /yììt'iyòó/ (num.) nine ዘጠኝ

yikke xaaqo /yikke t'aak'o/ (v.) for grinding maize በቆሎ ለመፍጨት

yikke xaqo /yikke t'ak'o/ (n.) bottom ወፍጮ

yimberoo /yimberoo/ (n.) Ipomoea tenuirostris, a climber የሐረግ ዓይነት

yingaamo /yingaamo/ (n.) Pokeweed እንዶድ

yingi maxo /yingi mat'o/ (n.) hornet, wasp ተርብ

yini yune gommo /yini yune gommo/ (n.) narrow, path ጠባብ፣ መንገድ

yino /yino/ (n.) water berry-tree (Syzygium guineense) የውሃ ዳር ዛፍ

yiraafo /yiraafo/ (n.) whip ጅራፍ

Kafinoonoo-English-ዐማርኛ Dictionary

yito /yito/ (v.) to bend from upper part of the body ማጎንበስ
yixenoo /yìt'ènòó/ (num.) ninety ዘጠና
yoce bad /yoče bad/ (n.) left (side) ግራ ጎን
yofiyofe /yofiyofe/ (n.) bat የሌሊት ወፍ
yofyofe /yofyofe/ (n.) bat የሌሊት ወፍ
yoho /yoho/ (v.) tame the heifer መግራት፣ ለማዳ ማድረግ
yongo /yongo/ (n.) wind ነፋስ
yoobo /yoobo/ (v.) flee, to መሽሽ
yoobo /yoobo/ (v.) fly, to መብረር
yooca /yooča/ (n.) north ሰሜን
yooco /yoočo/ (n.) left ግራ
yoodo /yoodo/ (v.) hang up (a man) መስቀል (ወንድን)
yooho /yooho/ (v.) chase, to ማባረር
yoopho /yoop'o/ (v.) wipe, massage መጥረግ፣ ማሽት ሰውነትን
yoorishono /yoorišono/ (v.) cut with milk teeth በወተት ጥርሶች ቆርጠዋል
yooyo /yooyo/ (n.) rainy season ዝናባማ ወቅት
yophphe /yop'p'e/ (v.) make fire by rubbing በማፋጨት እሳት ማውጣት
yophpho /yop'p'o/ (n.) friction ግጭት
yophpho /yop'p'o/ (v.) rub, to ማፋጨት
yoppite /yoppite/ (v.) blink መርገብገብ
yubbubo /yubbubo/ (adj.) heavy ከባድ
yuboo /yubóo/ (n.) wind storm ዐውሎ ነፋስ
yummo /yummo/ (v.) creep መዳሕ
yummo /yummo/ (v.) stalk መካታተል

yuuba /yuuba/ (n.) wind storm ነፋስ
yuubbo /yuubbo/ (n.) singing and dancing ዘፈንና ጭፈራ
yuubo /yuubo/ (v.) miss የጠፋ
yuumo /yuumo/ (v.) to crawl መዳህ
yuundo /yuundo/ (n.) navel እምብርት
yuupho /yuup'o/ (v.) stripping coffee beans መሽምጠጥ
yuye /yuye/ (n.) owl ጉጉት

Z z

zayto /zayto/ (n.) oil ዘይት
zebibo /zebibo/ (n.) dried wine, resin ደረቅ ወይን፣ ዘቢ
zigiba /zigiba/ (n.) Podocarpus falcatus, a tree ዝግባ
zinaro /zinaro/ (n.) man's of leather (beads) የሰው ልጅ ቆዳ

ʔ

ʔapero /ʔapero/ (n.) stammer መንተባተብ
ʔayno /ʔayno/ (v.) pity, have አዘነ
ʔaʔo /ʔaʔo/ (adj.) black ጥቁር
ʔemʔemo /ʔemʔemo/ (n.) talkative ወሬኛ
ʔeqo /ʔek'o/ (n.) holiday የበዓል ቀን
ʔeyo /ʔeyo/ (n.) honey ማር
ʔikkoo /ʔìkkòó/ (num.) one አንድ
ʔoono /ʔoono/ (n.) ill of another ማማት
ʔooqitto /ʔook'itto/ (n.) rotten የበሰበሰ
ʔuddiyo /ʔuddiyo/ (n.) grinding tobacco ትንባሆን መውቀጥ
ʔuuččoo /ʔùùččòó/ (num.) five አምስት

Kafinoonoo-English-ዐማርኛ Dictionary

English-Kafa

(edible) food **manje mayo**
20 kg container, measurement large **dawlo**
a cultural sport of Kafa, Christmas game **opo**
a cultural sport of Kafa, corbo, spear, stick throwing to a ring **gengo**
a cultural sport of Kafa, horse race **harashe tophiyo**
a cultural sport of Kafa, wrestling **qicco**
a farm utensil, ligament **shuwo wuʔoo**
a front or backyard fence **sheshine goro**
a house for honey-moon **kolle kexo**
a lament for a funeral **hicho**
a long way **geenje gommo hammo**
a measurement for land, shield **gaachoo**
a spear **awuro**
a type of bird **keroo**
a type of cabbage **koyo**
a type of grass, Cyperus rigidifolius **miicoo**
a type of herb **qaccemmi tobbo**
a type of plant **waagoo**
a type of village building **delàn**
a type of village building **dulan**
a type of white enset **bakoo**
a wind musical instrument **shameto**
abandon **qaajiye**
able, be **haakiyee**
above **daamb**
absent minded (be) **bi shalligo shacheto**
abundant **beedo**
abundant **beshabesho**
abundant, be **beeddito**
abundant, be **eeceeto**
Acanthus pubescens, a herb **pheco**
accompany **nayete**
accompany (pass.) **nayeete**
accomplish **qeenayite**
accuse **waayiite**
accustomed, be **doyite**
Achyranthes aspera, a herb **bagee geeco**
acid, be **kiikite**
acknowledge **geelletete**
across **qamino**
across up **dengic chapho**
Adam's apple **guuranno**
add **daakite**
add ingredients to a dish **geedite**
administer, entertain **acc bishiihe**
administer, entertain **yaabite**
adorn (God) **giibenehe**
adorn (human) **shoddiye**
adult, mature **gurmasho**

Kafinoonoo-English-ዐማርኛ Dictionary

advance **shiici**
advise **booyo**
advising **ciico**
affiance **shunne mayo/e**
after tomorrow **sharitta**
after, behind **guuba**
after, behind **guubena**
afternoon **qellayoo**
again **wooccino**
against **naahone**
age **eeno**
age group **qaabeco**
age group **shiijero**
agree **maashamite**
ahead **siico**
aim **chinni bellite**
albinism **coroo**
Albizia gumifera, a tree **caatto**
alight, land **aaxite**
alight, land **checcite**
alive **yaagite**
all **bulli**
all right **indeʔa**
all right **tato**
all, everything **ubba**
all, everything **ubbi**
Allophyllas abyssinicum, a tree **she'oo**
alone, who eats and drinks **woono**
along **qarona**
also **gutto daaki**
always **bulaabo**
ambush **hayyi beedufo**
and **ila**
and **na**
and **wota**
angel **maarako**
anger **iipeyo**
angry, become **iipete**
animal **chooxo**
animal, domestic **gaare gijjo**
animal, wild **kuubi chooxo**
announce the death **mushsho**
announce the death **shosho**
annoy **ippiite**
anoint (by God) **yeer chuudito**
anoint (oil) **huuto**
another **baro**
answer **wocco**
ant **aakkaashoo**
antelope **dóollo**
antelope **xiixole**
antelope, deer **doolo**
anus **chuqqino**
anus **iilaaʔo**
any **warije**
ape **shaako**
Apodytes dimidiate, a tree **wundifo**
appear **beekete**
appear **chiicete**
appearance **meeleto**
applaud **naadiye**
appointment **taajjo**
April **yaangixa phishi**
arbitrate **geenete**
arbitrate **shuunite**
Aren't you finished? **ciirataachoteʔ**
argue (to compete) **gaajitiyo**
argument in court **taagete**
argument in court **taago**
arm **hiillo**
arm **hiiro**

Kafinoonoo-English-ዐማርኛ Dictionary

armful **cheeni hiiro**
armpit **shoophpho**
army **giini adero**
around **guudo**
arrive, to **shaggiite**
arrow **maʔo**
Artemisia afra (African wormwood) **goddo**
Arthraxonmicans, a grass type **dooli mocoo**
articulation **shemmete**
artisan **qemmo**
as a baby **bushi shoocoomon shaaddo**
ashamed, be **yellete**
ashes **tuullo**
ashy for color **buggo**
ask **eeccete**
ask in marriage **bushe qoolo**
asleep, fall **qeyite**
Asparagus africanus, a tree **ufoo**
Aspilia mossambicensis, a herb **yameshe gabo**
ass **kuuro**
assemble, unite **iinjo**
assemble, unite **kiichiye**
assembly **iitoo**
assembly **kiichiyo**
asthma **sheefo**
asthma **sheefe**
at **wan**
at first **bati bati**
at home **kexowoc**
at last **ceeroca**
at length **geenjona**
at night **xuumona**
at night **yaaʔona**
at once **ikkekallona**
at the beginning **tiimmoce**
at the bottom **deece**
at the top **dambena**
at time **ikkikkekallo**
August **chechi**
autumn **marehoo**
avaricious **machi kuxxo**
avaricious **sheendo**
away from **wochchiye**
awl **xooro**
axe **qoofio**
axe **qufiyoo**
baboon **sheexe**
baboon, species **goodo**
back of the body **gubbo**
back of the neck **gaajo**
back part **goongo**
backbite **oono**
backbite to **oono**
backbone, spine **shuutoo**
backyard **daaddo**
bad **gonda**
bad **goondo**
bad (useless) fence **uuxero**
bad, poisonous food **duubeti mayo**
badly **naag**
bag, sack **geesho**
baggage **shant'o**
bake **kaachite**
bald head **shodedoo**
bald head **shodadoo**
ball **kuwaaso**
ball cannon **barudo**
ball, small of wood **toopt**
bamboo **shiinaato**
bamboo grass **shiinato**
bamboo water container **dòollo**

3

Kafinoonoo-English-ዐማርኛ Dictionary

bamboo, Arundinavia, a tree **shinaatoo**
banana **muzo**
bank of a river **aaci gagemo**
bar **yammoo**
bark of a dog **buuho**
bark of a tree **gorro**
bark of a tree **sheroo**
barley **sheqoo**
barley **sheqqo**
barley, roasted **bungo**
barley, roasted **gungo**
barren **bukkesho**
barren land **bukko**
barren steep slope vertical **yiimano**
basket **gubo**
basket for eating **geemo**
basket for eating **shillawo**
basket of bamboo **sharreto**
basket of calabash **booto**
basket plaited **mashubo**
bat **yofiyofe**
bat **yofyofe**
bathe **maccete**
battle **kooyo**
be tired **tahite**
be absent **eecete**
be afraid **shatite**
be angry **iipete**
be asleep **ga?ete**
be asleep **tokketete**
be awake **qallite**
be back, return **wocco**
be cold **aaqete**
be fast, appoint **chomite**
be full **miyo**
be high, stretched **chixxo**
be hot **qechite**
be humid and hot **hoomeyoo**
be humid and hot **hoomoo**
be meager **chundi baaxxo**
be possible **allo**
be reclining **shokite**
be rid of **maaro**
be seated **kotete**
be set on **miicco**
be sleepy **geephillite**
be sleepy **yiitite**
be sort, hurt **miixete**
be standing **neexete**
be witnessed **mixete**
beach **kunane**
bead **bi?iyo**
bead **boxo**
beads **giijo**
beans black eyed **oogoge ?aato**
bear child **shiite**
beard **iishano**
beat **gugite**
beat **yeexite**
beautiful **yawro**
because of **ebi nabona**
become **tunete**
become for fruit **cheello**
become red for coffee **gangite**
bed **qeeno**
bed bug **chucho**
bed of straw **shace quno**
bee **maxxo**
bee hive **geendo**
bee wax **giippo**
bee wax (film, floating) **giipo**
beer **doocho**
before **af**

Kafinoonoo-English-ዐማርኛ Dictionary

before yesterday **shaarito**
ba
beg **qoolete**
begging, praying **qollo**
begin **kottite**
behind **guubena**
belch **gashshite**
belch for a lion **chiddite**
bell for the cattle, cow **iindifo**
belly **maacho**
below **deshi**
belt, a **shuurisho**
bend **qodete**
bend from waist and hold ear **phijjete**
bend over **qodite**
benediction **gaacho**
benediction **niicco**
bent grass **caammero**
berry (fruit) **gariafo**
Bersama abyssinnica, a tree **booqo**
beside **eebemon**
beside **wota**
bet **gajitete**
bet **gajjito**
between **dagg**
bidding defiance **yaaddo**
big **oogeto**
big **qooxo**
big **wuro**
big **phijjo**
bile **miiraro**
bind **shere qochoc**
bind debtor with creditor **yeshsheto**
bird **kafe**
bird **booyo**
bird's hair **wullo**

bird's nest **kafe kexo**
bird's tail **kafe chero**
bite **shachite**
bitter **chaamo**
bitter **kikito**
bitter **chaamete**
black **ʔaʔo**
black stone **shisho**
black, large **gomme akkasho**
black, small **aabi qachcho**
blacksmith **aacha ukko**
blacksmith **qeemo**
bladder **heennoo**
bladder **heeno**
blanket **detèi**
blanket **dutei**
blanket (traditional) **sheemo**
bleed **damete**
bleeding from nose **nashshiro**
bless **diiro**
Blessing **diiro**
blind **wellete**
blind **wolloo**
blink **yoppite**
blood **demmo**
blow **huugite**
blow, to **hugo**
blowing with sieve, effusion **maye yajjero**
blue **diibeeno**
blunt **hotecco**
blunt **hoxehe**
body **ashitino**
boil **gufo**
boil **kaacite**
boil extremely **guppite**
boil food **kaaccite**

Kafinoonoo-English-ዐማርኛ Dictionary

boil food **kaacite**
boil in water **kiijite**
boiled in a pot **quuchcho**
bold **af kiico**
bold **kuphphete**
bolt **kochilete**
bolt **kochiletete**
bolt suddenly **diq**
bone **shaawisho**
bone under eyes **tuucco**
border **daano**
border **daaro**
bore a whole **ejjite**
bore a whole **icco**
born **shiijjete**
borrow **qixiyete**
borrow **erretete**
bottom **yikke xaqo**
bottom, lower **xeephpho**
bounce **duufo**
bounce **beenoʔ**
bounce **geedo**
bow **guupo**
bow **yiito**
box **sanduqu**
box **saxino**
box of wood **shaaqo**
boy (cf. child) **busho**
bracelet, bead **shaagaamo**
brain **eengoo**
branch **gaaxo**
branch **baallo**
branch **qaakko**
brave **beello**
bread **daabo**
break **tiicciye**
break, snap to **aabe kayo**
breakfast **shafiro**
breast **xano**
breast of a man **xano**

breast of killed animal **gaato**
breast variation **xeno**
breath **kasho**
breathe **kaasho**
brew beer **duusho**
bribe **xuccoo**
bride **woʔe**
brides **woʔenaʔo**
bridge **yaaʔo**
bright **biiro**
broom **kaawo**
brother **mano**
brother-in-law **naaco**
brown **buneno**
brown **woshiʔo**
bucket **baldo**
buffalo, cape **gaaho**
bug **chucho**
build **hirio**
bull **maaʔoo**
bundle **shaago**
burb **garrisho**
burn **micho**
burn **miccoo**
burn (mouth) **shaayo**
burnt ground **michito**
burst, to **xappisho**
bury, to **duuho**
bush **kuchoo**
bush, shrub **kucco**
bush, shrub **tusho**
butcher **giishingo**
butter **qefo**
butter for hair **qelli qefo**
butterfly **woriwabbo**
butterfly **worbaabbo**
buttock **biinno**
button **hiicho**
button **teendo**

6

Kafinoonoo-English-ዐማርኛ Dictionary

buy, sell **keemo**
by **na**
by **giidoona**
cabbage **shaanoo**
cactus **gacho**
cake, of enset **kocho**
calabash **boto**
calf **chuuboi**
calf **maami**
calf **maamo**
calf **cubo**
calf of leg **cuubo**
call **cheego**
call (a dog) **cheego**
calm **shashemio**
calm **xiisho**
calm sea **iiwoo**
calves **goomo**
calves **qeeko**
camel **gallo**
can **ha?iyo**
cancer **shikkiyo**
cane **ganda**
cane **ganna**
cane **buttino**
cane of a millet **butino**
cane of a millet **qumbero**
canoe **jalbo**
canoe **madfo**
cape **uko**
cardamom **oogio**
care **diqqiaine**
care **meeqeqo**
carry on the back **ba?o**
carry on the back or on the arms **ero**
carry on the back or on the arms **tiqqo**
carry, to **shaago**
carve **gayiro**

case, accusation **waayo**
castrate **nashoo**
castrate **qichcho**
cat **kuularo**
catch **yeesho**
cattle **mimo**
cave **shaanho**
cemetery **maasho**
central pillar **gimboo**
cereal **maayafo**
certain grass, rush **sheekko**
chaff **hulloo**
chaff **maaxxo**
chameleon **engeengille**
chameleon **engengile**
change (verb) **shaddo**
change the place **ta?e sheddo**
charcoal **chichino**
chase, to **du?io**
chase, to **yooho**
cheap **qaalo**
cheap **qaalo**
cheat **gayoo**
cheat **gaayo**
cheat **dawuusho**
cheater, deceiver **dachecho**
cheek **gaakko**
cheek **haqqo**
cheese **mooko**
cheese **qooho**
chest **geeto**
chew **chooko**
chicken **baakkoo**
chief **worafo**
chieftain **woraferashitino**
child first born **qabbo**
child of a brother **manobusho**
child of a sister **aaciyo**

7

Kafinoonoo-English-አማርኛ Dictionary

child, boy **busho**
child, not walking **gagere busho**
children's game **bushishekayo**
chin **gaxo**
chop, cut **qechche kuxxo**
chose **goominyo**
chose **shaagganiyo**
church **bare kexo**
churn **manjaano**
churn, to **qico**
circumcise **agarrashe**
circumcise **dokiritte**
circumcision **dokiro**
circumcision **dokiikiyoo**
civet cat **wongo**
clap hands **koppo**
claw **gommo**
clay **nuuqqo**
clay pot (small) **qondo**
clean **xalo**
clean the teeth **gashe hindo**
clean the teeth **gashshe yophpho**
clean, washed **maccet buno**
clear a forest **qeemo**
clear weather, become **xale yongo**
clever, cunning **kuphpho**
cliff **qaaʔo**
cliff **took**
climb for animals to have sex **shueegio (refl)**
climb for animals to have sex **shuugo**
climb, to **guuddoc keeyo**
clipper **qem baaxo**

clod **dugoo**
close **hicho**
close, be **giideyo**
close, be **katineyo**
cloth against sun **meechchilato**
cloth for food **kudade**
cloth for food **maaddo**
cloth for food **maddo**
cloth for head **chaacho**
cloth for waist **buro**
cloth for women **wondafo**
cloth ragged **kushsheto**
cloth, clothes **taho**
clothing **qoreddo**
clothing **taho**
cloud **qufo**
coagulated for milk **ejji qicho**
coagulated, be **qicho**
coal **ciciho**
cock **baakke urro**
coffee **buno**
coffee pot **bune qondo**
coffee-like color **buneno**
coiled, be **shikka niyo**
cold **aqqoo**
cold **angesho**
cold water **aqqe achcho**
cold, a (disease) **ooshiyo**
cold, be **aqehe aqqone**
collect **kicco**
collide, to **qicceyo**
colobus monkey **eelloo**
colobus monkey **heelloo**
comb, a **kaphoo**
comb, to **kaacho**
Combretum panicculatum, a climber **bago**
come **hollibe**

Kafinoonoo-English-አማርኛ Dictionary

come **woob**
come in! **giibe**
come in! **shaag**
comforting (e.g., in times of mourning) **goggiyo**
Commelina berghalensis, a herb **naallexo**
commemoration of St. Mary **atteroo**
companion **nuuco**
compensation paid **nummo**
complain **waayo**
compound **daado**
compound **guudo**
compound **mashshero**
conduct **tuuniyo**
conduct a guest **yaakirite**
confiscate **worasho**
connect **yeeshiyo**
consider **aariqyeo**
container **yesho**
container of milk **eeji qondo**
container of wine **xoofo**
contents of the hollow of hand **ufo**
converse, talk **yiibato**
cook **kiiyo**
cook **micco**
coral reef **qaayi qanno**
corn **yango**
corner **duʔo**
corner **gaasho**
corner **gaato**
corpse (breath not) **chahone**
corpse (breath not) **dubeno**
cost, price **gatiyo**
cotton **huutto**
cough **oshiyo**

counsel **boyeyo**
count **haado**
count by the thumb and finger **shaahi maacho**
count, to **haddo**
country **showo**
countryside, forest woods **kuubbo**
cover a book **kaffona**
cover an object **qeero**
cover the head **qelle chaco**
cover! **uukko**
cow **miimi**
cow **shiingare**
coward, blunt **shato**
crawl **ginno**
create **hallo**
create break-up, in-fighting **ashoni worrite**
create, to **mero hallo**
creep **yummo**
crocodile **acci ayo**
crooked **shoqello**
crooked **woqqa qillo**
cross **kuxxo**
crow **chokone**
crow of a horse, donkey **gashgishiye**
crow of a horse, donkey **shalliye**
cruel, be **machche kuxo**
crunch **nilʔo**
crunch **quddo**
crunch or pound the root of enset **baxxe gaaho**
crush **qaccice**
cry, weep **efo**
cry, weep **effo**
cultivate for weed-removing **uchoo**

Kafinoonoo-English-አማርኛ Dictionary

cultivated (for land) meters **gocho**
cultivated land **gocce tishoo**
cultivator **gooceco**
cultural bread **kaako**
cup **injillato**
cup **kubayo**
cup of horn for drink. Beer **xoofo**
curse **ufo**
curse, to **ufo**
cursing **uppo**
curtain **maachilato**
cut a tree **micci dicco**
cut branches of a tree **micci qeendo**
cut grass **waaxe**
cut hair **taaciye**
cut in small pieces **baxite**
cut in to stripes **yaajire**
cut in two **gaakite**
cut meat **qappiye**
cut meat in to stripes **yajjirite**
cut teff **qeecho**
cut the borders **daani besho**
cut the food **qorixite**
cut with milk teeth **shachone**
cut with milk teeth **yoorishono**
Cyprus rigifolus, a grass type **mico**
dagger, knife **sheefo**
dagger, knife **shiiko**
dam **acci gabbo**
damp **nitto**
damp area **taappo**
dance **chaapo**
dance **chaapo**
dark **manderoo**
dark, be **menderete**
darkness **menderitino**
darnel **dadaddo**
daughter **maacha bushe**
daughter **mace bushe**
daughter-in-law **naa micce**
dawn **harro**
day **decho**
day after tomorrow **sherrita**
daylight **ardee beko**
deaf **uullo**
deaf, be **uullete**
death **chiimo**
debating in the reconciliation process in the presence of a mediator **taggo**
debt of meat **meesho**
debt of money **iishsho**
deceive **daacco**
December **maagada yaadi**
decide **machcho**
decorate **wejjo**
decorated colored and designed grass mat **shago**
deep **mutto**
deep widely **gaminona**
defend **tootto**
delimit **daarete**
delimit **dekkete**
delude **daawusho**
demolish **alliyo**
demolish **dubiyo**
deny **nookko**
depart, go away **bari bario**
depart, go away **qephpho**

Kafinoonoo-English-ዐማርኛ Dictionary

descend, walk down **kiindo**
descent **phixxasho**
desert stick **quddo**
Desmodium repandum, a herb **geco**
despise, to **chiigo**
despise, to **gachcho**
despise, to **hoxxo**
destroy, be **allo**
destroy, be **taakko alliyo**
dew, wet **keeto**
diaphragm bone **naabe shawusho**
diarrhea **maacho**
diarrhea, have **maache yeexo**
die **qixiye**
different **baro**
different, be **baarite**
dig a hole **iijite**
dig or dig up **iiyo**
dig up **iiyo**
digging instrument **makkeco**
digging instrument for farm **shoqqo**
Digitari abyssinica, a grass type **haggi**
direction **kaattoo**
dirt **uudo**
dirt from eye **muʔo**
dirty place **guuda xaa'o**
dirty, be **kinnite**
disappear for the time being **iiko**
disappear, to **aasho**
discover (find) **qawo**
discussion **iihato**
discussion of a secret **iqoyito**
dish **sahno**
disobey **hajjiye qayyo**
displace **gocciyo**
dispute **kaaro**
dispute **taago**
dissolve in water **muucciyo**
dissolve in water **muujjiyo**
distant, far **woho**
distinguish **qephph bario**
distribute **beecco**
ditch **daaro**
divide **qoodo**
divorce **biishiyo**
dog **kunaanoo**
dog **kunano**
Dombeya torrid, a tree **shawukko**
domestic animal **gaare gijjo**
donkey **kuro**
door **kelleto**
door (way) **gaaddafo**
double **qaabo**
doubt **puuqo**
dough, to make **keccio**
down **deshi wan**
down **duuggula**
down **hammo**
down **kiindo**
down **deshen**
downstream **deshen**
dowry for married couples **woojo**
dowry for the bride groom **maagayo**
drag **geeco**
drain, to **tiiggo**

Kafinoonoo-English-አማርኛ Dictionary

draw the sword **shefon gonenoce kiico**
draw water **aci geeco**
draw, sketch, to **koto**
dream **gumo**
dream **gumo**
dream loud **dayino**
dream, a **gummo**
dried coffee **muumme buno**
dried meat **qongo**
dried wine, resin **zebibo**
drink **uyoo**
drink up **uyyo**
drive(animals),to **gisho**
drop **choto**
drop **choto**
drop a stone **duffone**
drop by drop **kushkusho**
droppings **chaaco**
drought **sheello**
drum **kambo**
drunk, be **maasho**
dry out **chimo**
dry out; dry, be **shuʔo**
dull **shirinete**
dumb **dudo**
duration, time **aabo**
duration, time **goroo**
dust **qutto**
dust **quttoo**
dust off **qutte tebbo**
ear **waamo**
ear trunk **wajji ducho**
earlier, sometime ago **maadda**
earlier, sometime ago **shici**
early morning **harre yaʔoc**
earring **gudico**
earring **qexero**

earth **showoo**
east **daggichoo**
eat **woddi maamo**
eat, feed, be eaten **maamo**
edge for a whip **chillo**
edge for cloth **chaapho**
edge for tree **chillo**
egg **gabbeto**
eight **shimiittoo**
eighteen **aaraa shimittoo**
eighty **shinno**
eighty **shinnoo**
elbow **hiilo**
eldest child, first born **qaabbacho busho**
elephant **dangio**
elephant grass **shombeqo**
eleven **aaraa ikko**
eleven **aaraa ʔikko**
eleven **araa ikko**
embarrassed, be **yeelo**
Embelea schimperi, a climber **dupho**
emmer wheat **dabiʔo**
empty **hullo**
empty **shooko**
empty out **chootiyo**
empty out **shookayo**
encircle **giisho**
enclosure **doogo**
enemy **shixxeco**
enemy (bandit) **booko**
enemy (warrior) **eetto**
engender **aallo**
enjoy play, pleased, be dance **iimiro**
enough, be **beedo**
enset **wuci kucho**
enset food, white **eetino**
enset plant **oomo**

Kafinoonoo-English-ዐማርኛ Dictionary

ensete, banana-like plant **uuxo**
environs **guude gawo**
environs **kitaamito**
equal **tato**
err **tushshe muuricho**
err who does not know **tushsho**
escape **muricho**
eternal **bullabo**
evening **xum**
evening, be **xummete**
evening, meal **gifiro**
every body **bulle asho**
evil, bad **gondo**
exceed **beesho**
except for **ihatigi yaano**
exile **maaxo**
exit **keelleto**
expect **quuyo**
expensive **aaxo**
exterior **maxo wan**
extinguish **dooki aliyo**
extractor, picker **huphphico**
extremely **daano**
eye **afo**
eye lid **qillifo**
face, front **baro**
face, front **melleto**
faeces **chʔiqqilloo**
fall **diiho**
fall out, hair **waceti qello**
fall with the root **wacet mici chammo**
fall, (load) **shaago**
fall, make **diico**
falls **haanaatoo**
false banana **eepo**
family **keeci asho**

far from **wohhoce**
far, be **wokkiye**
farm **goyyo**
farm field **goye shobo**
farm instrument **kechoogoocoo**
farm instrument **koottero**
farm, plough **goyo**
fast **shiito**
fast, be **shittete**
fasting months before Easter **maaddo**
fat **maʔo**
fat around the intestine **aawiyo**
fat, be **aawwijite**
father **niho**
father-in-law **aabo**
father-in-law **amate**
fear **shaatiye**
feather **wuullo**
February **bojji gixxani**
feed, to **manjo**
feeling ashamed **buchetone**
fell, chop down **keecho**
fell, chop down **kuxxo**
fell, chop down **maacho**
female (human) **maace**
female bamboo **shimero**
female bamboo **shombeqo**
female cow **mimi**
female goat **iimishe**
female horse **baaraye**
female sheep **bage**
fence **uuxaro**
fenugreek **giraaro**
festival **baroo**
festivity meal **bare mayo**
fetch (go and bring) **deewo**

13

Kafinoonoo-English-ዐማርኛ Dictionary

few **nimeno**
fiber of the enset plant **yiiʔo**
Ficus thonningi, an epiphyte **xigaago**
Ficus vasta, a tree **caphero**
Ficussur, a tree **nache caroo**
field **baako**
field **bakko**
fifteen **aaraa ʔuuchchoo**
fifteen **araa uuco**
fiftieth **aaccino**
fiftieth **aaccino**
fifty **aachchoo**
fifty **aaco**
fight **tottiyo**
fill **cheeco**
fill up , to **cheeco**
filter **teego**
filter beer **hichcho**
filter by sifting **gaariyo**
filter for beer **dochi tigo**
filter for local beer **tiggo**
filter with sieve **woqqo**
find **danno**
finger **yafero**
finger ring **axxaa mitto**
finish **ciiiiiro**
finish **chiico**
finished **ciichetone**
finished, be **chiicciye**
fire **qaaqoo**
fire fly **wurro abo**
fire place **geemo**
fire side **qaaqe gasho**
fire stones **geemo**
first born **qaabo**
first cup of **iindo**
first wife **qaabbacho meche**
first, be **ikkine tuno**
fish **asho**
fish net **daabbo**
five **ucca**
five **ʔuuččoo**
flame **nallo**
flame **qaqe nello**
flatten, pound **xeko**
flax **muutto**
flea **phillo**
flee, to **yoobo**
flesh (see meat) **meeno**
flexible **qoddiyo**
flexible, be **qode beto**
flipping **guufo**
float **koofo**
flood **ambamboo**
floor **godo**
flour **buudino**
flour made of the enset root **qocho**
flourish **buungo**
flourish **sheeho**
flow **cheeni ufo**
flow **koofo**
flower **shiitoo**
flu, cough **oshiyo**
fluid cake of enset **ettino**
flute **shumburo**
flute **shumbiroo**
fly fast **biiliwo**
fly killer **yaamma wuxo**
fly, a **yaamo**
fly, to **yoobo**
foam **chaageo**
fog **chaageo**
fold, to **qodo**
follow **dabboo**

Kafinoonoo-English-ዐማርኛ Dictionary

food **mayyo**
food to a guest **aatalo**
fool **diqqo**
foot ball **kuaso**
foot print **wokkee**
foot, leg **xaamo**
footprint **hilloo**
for **c**
for church **hookoo**
for closing door **qochileto**
for grinding maize **yikke xaaqo**
for knife **duchite**
for milk **eeje booto**
for milking **eeje qondo**
for sharpening **gayiro**
for sharpening **gayiroo**
for sheep **dogo**
for stirring stew **hichcheto**
force **giido**
forehead **baro**
foreigner **maci asho**
forest **kubbo**
forget, to **baato**
fork **shukko**
formerly **aafficho**
fortified **nabo**
fortnight **gutteshabatto**
forty **aabboo**
four **aawuuddoo**
four **awuddo**
four thousand **awudde humo**
fourteen **aaraa awuddò**
fox **lobri**
fox **lomri**
free **kuuro**
free born **daabito**
frequently **katikate imo**
fresh **qaroo**

friction **yophpho**
Friday **miccide?o**
Friday **miccre?o**
friend **nuucco**
friendship **nuuccitino**
frighten **shato**
frightened, be **shatite**
fringe **shiingixo**
frog **geppace**
frog **geppece**
from **ce**
from day to day **aboceaboc**
front **batibati**
front **aaf**
front **baro**
front **shiici**
front of a house **boritto**
frontier **dano**
fruit **aafo**
fry **miicco**
fulcrum, hinge **shokkello**
fulfill **cheecco**
fulfill **taacco**
full **cheeno**
full, be **cheecco**
fur **eexo**
furnace **sheello**
furnace **sheendo**
future tense marker **gubbich**
gallop **baho**
gap **baribaritino**
gap in fence etc. **aaho**
gap in teeth **eechchetoo**
garbage on sight **kuudo**
garbage for body, cloth **kiino**
garden **daade goyyo**
garlic **nache duqesho**

Kafinoonoo-English-ኦማርኛ Dictionary

gat measurement between two fingers stretched **ufo**
gate **maaci kelleto**
gather **keecho**
gather, to **keecho**
gathering **kiichiyo**
gazelle **shaago**
generate, give birth **biidicio**
generous **deʔo 2ˤ2**
get **danno**
get up early **maadi timmo**
Girardina divesifoilia, a herb **shimbrikko**
girl **bushe**
give **imo**
give a full meal **maanjo**
give a testimony **miixo**
give miserly **sheemo**
give miserly **woonoo**
give on a loan **eeretiyo**
give to **uyoc imo**
given, be **icho**
Giving instructions that are to be obeyed **giidoona qoppho**
glance **chuqqo**
glass **heerawo**
gluten **mach gayyo**
glutton **phaʔo**
glutton, be **phaʔi beto**
go in, enter **gimo**
go out **keeyo**
go slowly and carefully **niibe hamo**
go to sleep **gaʔo**
go, to **hammo**
goat **iimisho**
God, sky **yeeri**
goiter **haatto**
gold **aacco**
good **gaweto**
good, be **gawwete**
gossiping **ooniyo**
gourd **boto**
gourd, half **shaapho**
govern **aajjo**
govern **donjitino**
grain store **gotto**
grains boiled in water **gufo**
grand son **bushebushe**
grandfather maternal **indiniho**
grandfather paternal **nihiniho**
grandmother maternal **indiinde**
grandmother paternal **nihoinde**
grass for thatching **diishsho**
grass for thatching **sheeko**
grass hopper only in Gesha and Chena **abaxo**
grass long creeping **keephoo**
grass new **choollo**
grass new **hoocho**
grass new **maxiraro**
grass, abundant **shutoo**
grass, fresh **gejje mocho**
grass, fresh **noolle mocho**
grass, rush **sheekko**
grass, Stellaria sennii, a grass type near swamps **mochoo**
grasshopper **abexo**
grasshopper [ashen] **matto**
grave **maasho**
great **oogo**

Kafinoonoo-English-ዐማርኛ Dictionary

green **moochero**
green color **mocaro**
green wood **moocher shaho**
grey **bukkaaco**
grey **xaphxapayo**
grey (animal) **geene giijo**
grind to **yiikko**
grind, crush **busho**
grinding stone **xaaqqo**
grinding tobacco **ʔuddiyo**
groom **kawo**
groom **woe keno**
ground **showo**
ground-honey making insect **shaamo**
grow **chollo**
grow **waallo**
grudge **xiqeyo**
grudge **niichoo**
guarantor **buusharo**
guarantor **maashaaro**
guarantor **maashaaroo**
guarantor **masharoo**
guard **quyyete**
guardian **quyyeco**
guessing game **turito**
guest **iibbo**
guide **shiicciyo**
gunny sack **keesho**
gunny sack **kuudo**
gurgle **gunguruch**
gurgle **guch ayyo**
gurgle **gucho**
gush out **choyo**
guts (intestines) **macheco**
hail **buuno**
hail **choko**
hail **taage yaaʔo**
hair of head **qeelo**

hair other than that of head **bushshindo**
hair plaited **chuungo**
half **qaato**
half **qato**
hammer **tuutto**
hammer (wooden) **yexi muxo**
hand, arm **kisho**
handful (palmful) **ufo**
handle **keendo**
handle **shiimo**
handle **yeesho**
hang up (a man) **yoodo**
hang up (to hook sth.) **maaxxo**
hang, to (pass) **kaqqiiye**
hard **chimmesho**
hard **kuupho**
hard firm ground **chimmesho**
hard firm ground **giigesho**
harm **mixeco**
harsh words **qochali moyo**
harvest **yarrimo**
harvest **shooho**
hatching chicken **baakkoo**
hate **yarrimo**
hate **shixo**
have **beemo**
have fever **gaamo**
have fever **qeewwo**
have sex with a woman **deʔo 3**
he **areeno**
he **aroo**
he cultivated **goyo**
he has made sowed, planted **shookkiitone**
he hooked **sheendite**

Kafinoonoo-English-ዐማርኛ Dictionary

he made splitted **baddiitone**
he, polite **bo**
head (skull) **qello**
head cover **baawundo**
head cover **bawundo**
headache **qellicheddo**
headache **qelli cado**
heal **wodo**
healed, be **wodite**
health **iiwwoo**
health (of body) **iiwoe acco**
heap **shiddo**
heap **dollete**
heap **dollo**
heap **uubete**
heap **uubo**
heap **uubo**
heap of Teff **gaashe dollo**
heart **mullo**
heart **teefo**
heat **kechite**
heaven **chadiqo**
heavy **meggo**
heavy **yubbubo**
heavy, be **meggete**
heel **soqqo**
heifer **maamo**
height **neexo**
hello-greetings **diggo**
help one another **daaboc**
help one another **daado**
help one another **ganamo**
help one another on feast preparation **dafo**
help! **buusho**
hen, chicken, fowl **baakke gutto**
her **biic**
here **hini**

here **inghae yaha**
hero **bello**
hiccups, have the **oshiyo**
hidden **doogo**
hide **goqqe kucho**
hide **natto**
hide **aaco**
hide **aasho**
hide **moollexo**
hide not crafted well **kacciane gooqo**
hide not worked well **gawiciane gooqo**
high lands **angesho**
high tide **wuulisho**
high, be **diicho**
high, be **diicho**
highland **angesho**
highland **uulloo**
highland, be **angeshitino**
hinder **toollo**
hinder **tungo**
hip **gaando**
Hippocratea Africana, a climber **phi'o**
Hippocratea goetzei, a climber **qawee qombo**
hippopotamus **gommeʔo**
hit **xobbiye**
hit **yexxo**
hive-breaking bird **ejjeno**
hock **ohugo**
hoe **kotero**
hog, wild pig **ticco**
hold **yeshsho**
hole **hooto**
hole for a house **keci aho**
hole for cloth **keexo**
holiday **ʔeqo**
holiday **doci**

18

Kafinoonoo-English-ዐማርኛ Dictionary

hollow **mutto**
home **qexooc wotto**
honey **ʔeyo**
honey bread **neeco**
honey-bee **mexo**
honor **oogitino**
hope, to **gibeno**
horizontal **deengic**
horn **qaro**
hornet, wasp **yingi maxo**
hornless for cattle **turo**
horse back **mache gubbo**
horse for goods **mecho**
horse for human beings **haresho**
hot **gamo**
hot **qecho**
hot **worefo**
hot ashes **buno**
hot spring water **iino**
hot tasting **micco**
hot tasting, extreme **gogi beto**
house **kexo**
how **abiicci**
how much **ammbico**
human **urro**
humid, be **shuxxe ayero**
hump **daffero**
hunch back (small of back) **quuto**
hunch-backed **quto**
hundred **ballo**
hundred in isolation **bello**
hundred when counted **bella**
hunger **shaacho**
hungry **shaachoo**
hunt, to **daabbo**
hunter **aaddo**

hurried, you **xogo**
husband (cf. male) **keno**
husband's **donji qicho**
husband's brother **keneesho**
husband's brother **kenesho**
hut (small) **besho**
hydromel **acco baburo**
hyena **qaccemmoo**
hyena **qachemo**
I **ta**
I am **tane**
I ate **maaho**
ice **bedero**
idea, thinking **shalligoo**
ignorant **duuroo**
Ilex mitis, a tree **qatoo**
ill feeling **gonde qexxo**
ill feeling **gonde shelligo**
ill of another **ʔoono**
illness **biiyo**
illuminate **aafio**
illuminate **biriyo**
imitate **shahi kiito**
Impatiens tinctoria **uuchilloo**
important man **inde asho**
imprison **chuyo**
impure, be **bacheto**
impure, be **ushsheto**
in **giijoo**
in **mach**
in a loud voice **chooko**
in common **goge gijjo**
in front of **af**
in the darkness **mandarooch**
in the middle **deggoc**
in to **mach wan**
incense **ixano**

Kafinoonoo-English-ዐማርኛ Dictionary

includes both singing and dancing **duubbi bee**
inform **imo**
inform **shaxe daaniyo**
infusion of coffee leaves **bune waaji**
infusion of coffee leaves **chicho**
inhale tobacco **mach kasho**
injera **shoollo**
in-laws **nache naʔo**
insert **shoqqo**
insert message **kochcho**
inset food, white **qocho**
inside **machena**
instrument **qafeto**
insult **nagoo**
insulting **naggo**
intestine **maache meno**
intimate friend **kaatine nuucco**
introduce **aariciyoo**
Ipomoea tenuirostris, a climber **yimberoo**
iron **xuuro**
iron piece of **soomo**
irritate **iipiyo**
is it for beans or suspecting something **phuuqoo**
island **achona gicce showo**
It does not present **aallo**
It has passed **beshati**
It is finished **ciiratone**
it is planted it is sowed **shookketne**
it was cultivated **gochetone**
itch **quucho**
itch **quco**

January **dongellebi**
jar serving for milking **ejji qullo**
Jasminum abyssinicum, a climber **nache qombo**
jaw **gaamo**
jaw bone **gakko**
jealous, be, hate **acce michcho**
join **daaniyo**
joke **choqqiro**
judge, a **neellecco**
judgment **nallo**
July **guddii**
jump **chapho**
June **dudii**
justice **naallo**
keloose **gorechoo**
kick, to **qafo**
kicked **qappo**
kidnapping **shoyo**
kidney **shumbero**
kidney **yeeyito**
kidney **yeyitoo**
kill **wuxo**
kind **deʔo**
kind of (small) **mixo**
kindness **deʔitino**
king **taato**
kiss, to **shumo**
knee **gutteno**
knee cap **guttini afo**
knee for leg **guunbo**
kneel to; crawl to **guttino**
knife **shikko**
knot **chuyo**
knot **qulloo**
knot **quullo**
knot, core-tying **shuuro**
know **ariyo**

Kafinoonoo-English-ዐማርኛ Dictionary

knowledge **ariyo**
known to be **ariicco**
kraal **maggo**
kraal for sheep **dogo**
labor pain **maaxoo**
lack **muchcho**
lady **geenne**
lake **gejjo**
lame, be **hekkelo**
lame, be **shekkelo**
lamentation **shoosho**
land **showo**
land slide **gichcho**
land slide **showe borisho**
landing place **kashe xaʔo**
Landolphia buchananii, a climber **yemo**
landwards **showo wan**
language **noono**
Lantana trifolia, a herb **shobo**
large **gacho**
large **shefo**
large **ooget geepo**
large for storage **gooto**
large knife **decho**
large, be **oogo**
last **yiic xum**
last **beesho**
late **aredete**
later **chire busho**
laugh **miicho**
lawyer **abukaato**
lay hold of **biqeytoca yeshsho**
lazy (see weak) **yexero**
lead **koppoo**
lead **shiico**
lead **yaabo**
leaf **waamo**

leaf of enset **wello**
leaf of enset dry **qophiro**
leaf of enset dry **shoohgoo**
leak **uukko**
leak backbite **uuno**
leak for a house **choto**
leak spread **shaco**
leak the affair **mocci shacho**
lean back **chiixxo**
lean stick **immiccoo**
leaning **chiixxiyo**
learn! **doyoo**
learned man **doyito**
leather **goqo**
leather rope **shaacco**
leather, hide **mollexo**
leave **gabiko**
leave behind **qayo**
left **yooco**
left (side) **yoce bad**
leg, foot **baatoo**
leg, foot **baato**
legend **wooni**
lehote **gayiroo**
lemon **turingo**
lend, to, borrow to **qixiyo**
lend, to, borrow to **rettiyo**
lengthen **geenjiyo**
lentil **michchio**
leopard **maahoo**
leper **nedayo**
leprosy **nadiyitino**
leprous **nadayitto**
less, be **giishetto**
level **tatetto**
LGV lymphogranuloma venerium **gaataaxo**
liar **kote kexo**
license **maashino**

Kafinoonoo-English-ዐማርኛ Dictionary

lick **naapho**
lick **ukoo**
lick a hand on which **mucho**
lie **kooto**
lie down **gaao**
life to **kashe imo**
light **beeko**
light colored **gaayo**
light, be **cheeco**
lighten **cheecheto**
lighten **atete**
lightning **xeeyo**
light-weight but big stone **xoroo**
lime **booro**
lime **booro**
limit **dano**
limp **hekkello**
limp **dogeshsho**
limp **guxo**
lion **akkasho**
lion **daaharoo**
lion **daahero**
lip **noonoo**
liquid **aacco**
liquid honey **daalloo**
liquid honey **eeci daalo**
lisping **mucho**
listen **ello**
little **gishecho**
liver **qaamo**
lizard **charchako**
lizard **chʔaricakke**
load **shaago**
loaded, he **shaagite**
loan **ereto**
lock **xogo**
lock for the house .trad. **qochchileto**

locust **yeeco**
log **xuugo**
long **geenjo**
long after a kill **qelli buttino**
long ago **wonne gorooba**
long for **sheerato**
long grass **geenje mocho**
long, be **geenjite**
look for, search for **qaawo**
looker **chinneco**
looker **yayo**
loose, be **koxito**
loose, be **muchcho**
loosen! **koxito**
loosen! **muchcheto**
lose **koxito**
lose teeth **shuriti gasho**
lot **meeto**
lot **woddo**
loud call **choki cheego**
love **shunniye**
love each other **shunnehete**
love, to **shuno**
low **decen**
low lands **worefo**
lower, get down **werefa kindo**
luck **baaro**
luck **baroo**
luck **maallo**
luck **mallo**
lumph, tumor **moggeccoo**
lung (s) **shombo**
lyre **ximbo**
Macaranga capensis, a tree **shakkeroo**
machete **deecho**
machete **gajaro**

22

Kafinoonoo-English-ዐማርኛ Dictionary

machete **wella**
machete **magade**
mad, be **geyyo**
made of peel **qarisho**
magician **allaamo**
maize, corn **baaro**
make **haalo**
make **tunniyo**
make **yiibateyoc giiriko**
make **qaaree kico**
make a **niyon beekio**
make a fire in a fire place **yeeshiyo**
make a heavy breathe **goojjo**
make a hole, to pierce **hoto**
make a sit **gabere shuno**
make a way, cave in the ground **hoogo**
make down **duugula gabiko**
make fall a load **shaago kindio**
make fire by rubbing **qoppi attio**
make fire by rubbing **yophphe**
make sth. Fast **shiitiyo**
Malabar nut **sharsharoo**
male **anaamo**
male (for human only) **anaamo**
male ass **cheexe kuuro**
male child **anaami bushoo**
man **asho**
man **ashoco**
man, male **asho**
man's of cloth **gaafo**
man's of cloth **kesheto**
man's of leather (beads) **zinaro**
mancala vari, pebble game **qofo**
mane **baarye**
many, much **woddoo**
March **magera kaaphi**
mark, facial or tribal **melete gedo**
market **gabiyu**
marriage **shaago**
marriage, call back for invitation **shoopo**
marry **shaagio**
marry a wife **mece shaago**
mashed peas **ati budino**
master **qeejeco**
mat **woojjoo**
mat of palm tree **yeebo**
maternal **indemane**
matured **shaakeya beedeti**
matured man **taace asho**
May **diyii**
mead of honey **biito**
mead of honey **bito**
meaning **metlèbⁱ metbèl**
measles **gaashi**
measure with arm **hiiro**
measure with palm **chiixo**
measure, to **taaco**
medicament **attenaʔo**
meet, to **daano**
meeting of the road **goomidano**
melt for butter **qefe garriyo**
melt for others **wochcho**
mend repair fence **kochcho**
mend, repair **yeesho**
menstrual cycle **duphpho**

23

Kafinoonoo-English-ዐማርኛ Dictionary

menstruation **qecho**
merchant **gixeco**
mid night **xumi qellayo**
midday **qellayo**
middle of Easter fasting-season **shaashe kayo**
middle size **xaci koyo**
middle, center **gutti deg**
mild **dagitato**
mild drink **garrete**
milk **ejo**
milk **shaago**
milk of two months **iicibo**
mill **baburo**
Millefria ferrginea, a tree **bibberoo**
millet **maxxo**
mineral water **xebelo**
mineral water, salty water **dachoo**
minstrel **shaato**
mirror **heerrawo**
miscarriage of animal **shengare waaxo**
miscarry, abort, **booreho**
miser **woono**
misery **girritino**
misfortune **berallo**
misfortune **mellalo**
miss **gidide**
miss **yuubo**
missing, be (longing) **sherrato**
mistress **kecci genne**
mix for liquid **baacho**
mix (the thing) **ushsho**
mix for solid **ushsho**
mixed, be **ushshiyo**
molar **gammo**
mold **buriibuʔo**

mole **wuro wabe**
mom, mother **daakko**
Monday **shannoo**
Monday **taccayo**
money **gijjo**
monkey **shakke**
month **ageno**
moon **agene**
morning **maada**
morning, dawn **yaaʔo**
mortar, pestle **tuuto**
mortar, the hollow **botto**
mortaring enset's root **tuphee mixo**
mosquito **goopiye shunne**
mosquito **shuune**
mosquito (m) **shuuno**
mother **inde**
mother-in-law **amaate**
mountain **guudo**
mouse **choono**
mouth **noono**
mouthful, take a **kuupho**
move **shuuro**
move aside **naba**
move aside **xoʔo**
moving it (shaking it) **shuurikko**
much **woode**
mud **dengo**
mud **dufo**
mud on the road **xeqqo**
mule **bichero**
mule **mago**
murmur, oppose **guuqoo**
murmur, to **duufo**
muscle of the lower leg **chube diibo**
mustard **shanaafoo**
mutual **deegeo**

Kafinoonoo-English-ዐማርኛ Dictionary

my taa
nail siikano
naked shokkaco
name shigo
nape gajjo
narrow, be uummo
narrow, be xebbo
narrow, path yini yune gommo
nasal mucus shiikko
navel yuundo
near by katinona
near, be katenete
necessary, be qaawite
neck qeefo
necklace qeete shasho
need qaawoo
needle nappo
neighbor giyo
nerve, central take central nerve of enset muddriqo
nerve, central take central nerve of enset mudiiriqo
net dabbo
net gambeko
new andiro
new thing andire moyo
news honnehite
news worwa
nibble xaccafo
niece, nephew achiyoo
night xum
nightmare yaayito
nine yiixia
nine yiixiyoo
nineteen aaraa yiixiyoo
ninety yiixena
ninety yixenoo
no toon
no toonone

nod qeqero
noise qaro
noisy (children) hukkecco
noisy (children) worrihe
none ammona
north daamba
north qena
north yooca
nose muddo
not qungo
not a relative shiqqoo
not know tusho
not learned tamaraachi
not reached shagaano
November shashikabi
now and
numb, become dingiirato
number haado
numerous, be woddona
oak meello
oak meeloo
oats gombero
obey hajjiyo
object sheeno
objective gaabo
objects qiicho
observe mulleco
observer hoxxeco
obstacle xuubo
obstacle toollo
obstruct the road tolle kotio
ocean wards bahero wanena
October kellawudi
odor shaaʔo
odor (-ve) chiinno
of a chicken chiqqilo
of a horse haando
of a wall... kashiyoo

Kafinoonoo-English-ዐማርኛ Dictionary

of bamboo **gifo**
of cattle **iibo**
of cattle **minj illo**
of human **gondeeco**
of human **shiyimo**
of sheep, goat **qephero**
of tail **yeelo**
of woman **kuupho**
of woman **shasho**
of wood **micci goxo**
off **allo**
off **hushsho**
official **worafe (rasho)**
oil **zayto**
old **kasho**
old age **geenetino**
old man **shoowe geene**
old woman **geene**
older **oogo**
older **qaabe mano**
Olea welwetschia, a tree **yahoo**
on **hammon daabiyo**
once **ikke kallo**
Oncinotis tenuiloba, a climber **bayiro**
one **ikko**
one **ʔikkoo**
one who has a big **sheekiro**
one who put so in prison **chucceco**
onion **duqsho**
open **qecco**
open **qechoo**
open! **qeccib**
oral cavity **kookoo**
order **hajjo**
order **wocoo**
order (buy) **hajjowan**
order (step) **daaqelo**
ornament **shasho**
ostrich **shaakkoo**
other **baro**
out **maaqo**
out **yiibateb**
outside **maace**
over **daambe**
over **guudi shaago**
over **imo**
overflow (extreme.) **churrixo**
owl **yuye**
ox **gato**
pain **biiyyo**
painful, be **iiji beto**
paint **qaxero**
pair **kashsho**
pair **qaro**
pajama for woman **selulàr**
pajama for woman **silular**
palm (of hand) **maado**
palm of hand **mado**
palm tree **yeebe mixxo**
palm tree **yeebo**
Panicum subabidum, a grass type **shomekko**
pants **mutanto**
parasitic plant **xigaago**
parents **xibenaʔo**
parents-in-law **amtena abona**
part **kuxo**
part of the way home **deenite**
partridge **aako**
pass **beesho**
pass, cross **besho**
pass, cross **kuxo**
passage **gondiyace**

Kafinoonoo-English-ዐማርኛ Dictionary

passage (in a book) **sheemesho**
past tense **besheto**
paternal **nihomane**
pay **qocho**
pay-day loan **koyito**
payer, divider **qoco**
pea –dry **geshi ato**
pea –green **atere mocco**
peas, mashed **shuro**
pebble game, mancala **awriyoo**
pedestrian **battona qaxireco**
peel **huucho**
peel of **qashiro**
peel, to **huco**
penis uncircumcised **shookoo**
people **mechcho**
pepper, red **baro**
perfume **besho**
perfume **guro**
period of a woman **qecco**
person **asho**
person from whom distance is needed, being far **wokkacho**
perspire **chaajo**
pestle for enset butt grinding **hukko**
Phoenix reclinata, a tree **yeboo**
Physlis peruviana, a herb **huqicho**
pick up **mecho**
pick up **tiijo**
pick up **waaxo**
pick up grain or small item **macoo**

piece **kuxo**
pierce **goripho**
pierce **kotto**
pierce **koyo**
pierced , be **hottiye**
pierced be **koccite**
pig **gudino**
pile up **doollo**
pile up **uubo**
pillage **bogo**
pillar **giimbo**
pinch **qiipho**
pity, have **ʔayno**
place **kottiyo**
place **xaʔo**
place to sleep **qeeno**
plain clear **beeko**
plain field **bako**
plain field **gaddo**
plant **becciye**
plant **beeco**
plant seed **yerro**
plastic **koojo**
play **duubo**
play **duubo**
play **kaayo**
play **kaayo**
Playing (discussions, sharing, relaxing talk that also includes joking) **kaayo**
plough **goyyo**
plough **iiyo**
plough **kottero**
pluck out **waaxo**
Podocarpus falcatus, a tree **zigiba**
poem **keemoo**
point out **beekiyo**
poison **atto**

Kafinoonoo-English-ዐማርኛ Dictionary

poison **wuximi**
poison **merzo**
Pokeweed **yingaamo**
pond **uunno**
pool **koteti acho**
poor **giireco**
porcupine **chaayi**
porridge, food **buuxo**
possess **worasho**
possession **worasho**
posts **ukkiro**
pot **qondo**
pot for porridge **weshshenoo**
potato **ajjo**
potato **doqqo**
potter **qeejece**
pottery **nu qeshuuno**
pottery, broken pieces **kishet gochcho**
pound **dollo**
pound **ubbo**
pour **kito**
Pouteria adolfi-friederici, a tree **qareroo**
power **giidon**
power, stamina **hakkoo**
pregnant **xifec**
pregnant **yeqefec**
prepare **qeenit**
present tense **and**
preserve **yaagiyo**
press **keecho**
press **keepho**
prevent **bayo**
prevent **bayyo**
prevent **wokkiyo**
price **gatiye**
pride **gechoo**
prisoner **chuceto**

problem **iritoo**
profit **shimo**
proof **xiisho**
property **gaano**
property **haajo**
prophase, to **keemiyo**
prophecy **kaayo**
prophecy **keemo**
prophesizing, telling past, present and future **keemo**
prophesy **gubbich**
propose for a marriage **tifo**
prosper **gaaneci tuno**
prosperity **gaaneco tuno**
protector spirit **quyecci marakko**
proud **gecheco**
proud, be **geecheco tuno**
proverb **tooco**
proverb **shaahiyo**
pull **geecoo**
pull (once) hair **hixxo**
pull (once) hair **ijetto**
pumpkin **buqqoo**
punish **sheero**
puple of eye **ate acco**
puppy **hiililo**
purge **iikiyo**
pus **giiyo**
pus **shiimo**
pus **shiiyo**
pus **shuʔo**
push **tuʔo**
push **xuʔo**
push forward **qixo**
put down **kaashiyo**
put! **kottiyo**
python **darebo**
python **dareboo**
quarrel **kaaro**

28

Kafinoonoo-English-ዐግርኛ Dictionary

quarrelling **kaaro**
quarter **beemi kexo**
quarter rub **heecoo**
quickly **kaate**
quickly **katikate hammo**
quiet, be **maago**
quite child **maage asho**
rabbit **goroollisne**
race, human **tubo**
rage **gachaachino**
rage, be **gachachino**
raid **mashsho**
raid by ants **tukkite**
rail at each side **buusho**
rain **amiiyo**
rain **dihiye**
rain bow **ximbeto**
rainfalls **amye choto**
rainy season **yooyo**
raise **tiijo**
raise (cattle) **shiijo**
raise, lift up **shiijo**
rat **chono**
rat **iicho**
rate **shiito**
raw **gaaroo**
raw honey **baʔiiyo**
raw meat **gaara meeno**
razor blade **aarifo**
razor blade **apo**
reach, approach **giiddo**
receive **deʔo**
reconcile **shuno**
reconciliation **shuno**
reconciling **shuniyo**
recording on a tape
agarrashe
red **aakkashe qello**
red **gobbo**
red (for human) **chicho**

red, be **kaawo**
red, small **kushi kuund**
refuse **sheeno**
reins **taati tino**
reject **cheeno**
relative **xiibo**
release **bisho**
remedy **mero**
remind **gaabireʔo**
remove, to **keefo**
rent **kirayo**
repair **kocho**
repeat **daaki**
reply **wooco**
resemble **shaheyo**
rest **kasho**
return **wocciye**
return **woto**
reveal **mocci shac'o**
rheum, eye discharge
muuʔo
rheumatism **qayo**
ribs **naabo**
rice **ruzo**
rich **gano**
riddle **tuurito**
right **qenno**
right (side) **qenne kisho wan**
right, correct **tato**
ring **axamito**
rip, tear **keeto**
rip, tear, to **kaapho**
ripe, be **kasho**
rise, get up **tiimo**
river, stream **aacho**
road, path **boco**
road, path **gumo**
roar **gashoo**
roast! **micco**

Kafinoonoo-English-ዐማርኛ Dictionary

roasted grain **bungoo**
roasted grain, it comes from flower **bungoo**
roaster (crows) **kurece xoro**
rob **bogo**
rock **sharo**
roll **gedo**
roll **phuxiro**
roof (head house) **kecca afo**
root **chemo**
root **xepho**
root of enset **ucci caamo**
rope **wedero**
rotten **ʔooqitto**
rough, sticky **karisho**
round **gudo**
round worm **na wutto**
rub, to **yophpho**
Rubis apetatu, a climber **nache garo**
Rubus studneri, a climber **garoo**
rule **tate shero**
run **wocho**
rust **osharoo**
sad, be **ayno**
saddle **koro**
saliva **chudo**
saliva of beast **choci illo**
salt **kiho**
salt **kiiho**
sand **qachoo**
sand **qacoo**
Sapium ellipticum, a tree **sheddo**
satisfied **gachcho**
satisfied **gacho**
Saturday **busha shambato**
Saturday **bushaa shambettoo**
sauce **woxxo**
save **qoopho**
save **shiimo**
save goods **shiimo**
save, human **wodiyo**
saw **megazo**
say, to **geto**
saying (being) **iibee**
saying like this **iinana**
scab **qucho**
scar **banoo**
scatter **shaachchiye**
scent **beeho**
schedule **koto**
Scheffleria abyssinica, a tree **butoo**
scoop **bicho**
scoop **bido**
scrap the shell **ophpho**
scrape **hitte oyo**
scream, shout **bunno**
scream, shout **choko**
screen the grain **maye gugo**
sea **buricho**
seal **dufo**
seat **gaabero**
see **begi beganomo tuno**
see, to **beego**
see, to **chiino**
seed **shooho**
seed **toomo**
seed **yeero**
seek **qaawo**
seize **yeesho**
select **kacho**
select **shaaganio**
select (from people) **qepho**

Kafinoonoo-English-ማርኛ Dictionary

sell **kemo**
send **wocciyoo**
send **wocco**
September **kelli**
serpent **dangiro**
serval (leptailurus serval) **hallaaroo**
seven **shaabatta**
seven **shabaattoo**
seventeen **aaraa shabaattoo**
seventeenth **araashbaatino**
seventh **shabaatino**
seventy **shaaba**
seventy **shaboo**
sew **shifo**
sew a cloth **tahe koyoo**
sex **meeceyo**
shade **yiiro**
shadow **yiiro**
shake, to **tiggico**
shallow **machalo**
sharpen **shaxxo**
shave, to **caggo**
shave, to **chakko**
she **aree**
she was kicked **qappetihe**
sheath, knife-bag **gonenoo**
sheep **bago**
shepherd **qiddo**
shield **gacco**
shirt **kittoo**
shiver, to **qewwo**
shoes **chammo**
shoot with rifle **qawwe dafo**
shore **acci gaagemo**
short **qeebite**
short **desho**

short **henoo**
short for wood **deceto**
short grass for grazing **buuro**
short, be **uxxero**
short, dwarf **deeko**
short-tempered, a person with fiery language **hero**
shoulder **gogo**
shout **choko**
shout **choko bunno**
show **beekiyo**
show be in sad mood **tuumo**
show direction **beekiyo**
sick **gijjiye**
sickle **megado**
side **balagero**
side **gaʔo**
side-glance with anger **sheexo**
sieve for cereals **yajjero**
sign, give **melleto**
silent, be **shashe wite**
silver **birewo**
sing **qinoo**
singing **coqi rato**
singing **hicho**
singing and dancing **dubbo**
singing and dancing **yuubbo**
sip, to **shuutto**
sister **mane**
sister **mene**
sister-in-law **tecce**
sister-in-law **beeje**
sit, to **kottehe**
six **sheritta**
six **shirittooo**
sixteen **aara shiriitto**

Kafinoonoo-English-ዐማርኛ Dictionary

sixteen **aaraa shirittoo**
sixteenth **aara shiriittino**
sixth **shirittino**
sixty **shichchoo**
sixty **shiicca**
skin **gooqo**
skin off, skin removing **gooqe gaaxo**
skin, hide **daaro**
skinny, be **chicho tuno**
sky **gummo**
sky, God **yeero**
slander **xuche memo**
slashing, clearing **dafo**
slaughter **guuro**
slave **gunee**
slave **gunoo**
sleep **qemo**
sleep **qeyye**
sleep **tokketoo**
slide **shoko**
slide, to **shoritto**
sling **xeppeello**
slip through, to **giino**
slip through, to **muxete**
slippery **giino**
slippery, be **giino**
slope **sharrebo**
slowly **nibbona**
small **gisheeco**
small **senxo**
small **yaacho**
small **qamini geepo**
small brush made of grass **xaqqe hidde yiʔe kuno**
small leather **koojo**
small, measuring **qunno**
small, red **chono**
smallpox **shuuko**
smash **xermuse tishsho**

smell **shiiqo**
smell [therein] **shungo**
smell bad **sheelo**
smell, scent **chinno**
smile, to **biritino**
smoke **chufio**
smoke **chufo**
smoking pipe **botto**
smooth **niiro**
smooth stone **naallo**
snail **gengexxo**
snail **gengexxoo**
snake **diingero**
snake **dingero**
snatch **shottoo**
sneeze **hexxiyo**
sniff **shiiqo**
snore, to **kaato**
soak, to **hachʔo**
soaked, be **duusho**
so-and-so **ebi ebi tunehe**
soar **kikero**
soft **naaqqulo**
soft [for a drink] **bushe uyyo**
soft call **haqqe qaro**
soft, be **nallite**
soil **butto**
soil **utto**
sold, be **kecho**
soldier **addero**
solid **kuphpho**
some **giisheco**
some **nimeno**
son **busho**
song **duubo**
son-in-law **busho keno**
soon **katinona**
sore **maayo**
sorghum **daguco**

Kafinoonoo-English-ዐማርኛ Dictionary

sorghum **dawuchoo**
sound **qaro**
soup **cabboo**
sour **kiikkero**
sour **miiraro**
south **deshshi**
south **qanne bedi**
spatula **iilaʔo**
spatula of child **chuqino**
speak to **yibaato**
spear **giino**
spear handle (shaft?) **yaabo**
spend the day **decho beshiyo**
spice(s) **qimamo**
spider **doyyi dabbe**
spill **chotiyo**
spirit mediators, shamans **allaamo**
spirits **eqqo**
spit **chudo**
spittle, saliva of baby **illachcho**
spleen **niibbo**
splinter **chaphico**
split **gaho**
split **gaaho**
split **kaphpho**
split fire wood **baddo**
split, break wood **baaddo**
spoon of horn **qare qoofeto**
spread, to **iicco**
spread, to **shacho**
spread, to **yaago**
spring **unee acho**
sprinkle **wuchcho**
square (garden) **goyo**
squeeze **hiichcho**

squint eyed **qarelo**
staff, cane or stick **guxoo**
stagnant **qobobo**
stagnant **obobo**
stagnant water **qobbobbo**
stalk **yummo**
stammer **ʔapero**
stamp **dufo**
stamp **dufo**
stand **neexo**
star **xojeno**
stars **xojjeno**
stay away **yaago**
staying overnight repeatedly **qeyi qeyi**
steal **gajjiye**
steam **hiinno**
steep **tuuge**
steep slop **dugguula**
steer **diʔo**
steer **diʔete**
steer water **qudete**
steering stick (refers to a pair of oxen) **kasho**
step **gidee macc tunno**
step, to **maacho**
Stephanica abyssinica, a climber **eeko**
stew **itto**
stew **woxxo**
stick **baaddo**
stick **quddo**
stick **guumbo**
stick **shimero**
stick for punishing **qacco**
sting **kufo**
stir **baacho**
stir **murro**
stir **ukko**
stirrup **irkaamo**

Kafinoonoo-English-ዐማርኛ Dictionary

stomach **maacho**
stomach ache **maache biiyo**
stone **xaqo**
stone mineral **xaqqoo**
stool **gabbero**
store **xaqqo**
stork **dugoo**
story of the land **shawee**
straddle **kollaacho**
straight **kaamoo**
straighten **kaccoo**
strangle, to **chiiqqo**
strangle, to by choking **chuuqqo**
strap **shaaco**
straw **kokko**
stream **xuupho**
strength **manjo**
stretch self, to **chereho**
stretcher **yaggoo**
stretching - newly skinned animal leather **tooto**
stripping coffee beans **yuupho**
strong, be **kuphite**
stuck, get **keeyi keele muchcho**
stupid **uufeno**
suck, to **xammo**
suck, to **muuqqo**
sugar cane **shonkoro**
sugar cane [of corn] **diiqqo**
suitcase **sanduqo**
summer **qaawoo**
sun **aabo**
Sunday **shambato**
support **deggiye**
support stick **geenje deego gumbo**

sure **giibeno**
surf **haachi toomonaa yarrallo**
surround **guudo**
sustain **qoqqane yesho**
swallow **qooxo**
swamp **taappo**
sward bean, cow pen **gobo**
swear on someone **cayo**
swear, to **woogo**
sweared at **cacho**
sweat **chaajo**
sweep! **hiidoo**
sweeping on air **tebbeyoo**
sweeping on air **tebbo**
sweet **nucho**
sweet **shaawo**
sweet for surgery **nooco**
sweet potato **diqo**
swell **nafeʔo**
swelling **nafo**
swim, to **waakko**
swim, to **waako**
swing **yaado**
swing **shukkuukkillo**
swipe and hold **usho**
sycamore **chʔaaroo**
syphilis **qaachcho**
tail **cheero**
tail of an animal **chochi chero**
tail, hair of **chere eexo**
take **daamo**
take **worasho**
take a bite **shachchco**
take a handful (of a grass) **ikke ufi mocho**
take food to mouth **kaphpho**
take off **kiico**

Kafinoonoo-English-ዐማርኛ Dictionary

take off cloth **shooto**
take! **damb**
take, to **daamio**
take, to **damite**
talkative **ʔemʔemo**
tall, high **genjo**
tame **dojo**
tame the heifer **yoho**
tape plant **kooshoo**
tape worm **iipero**
taste good **shaawiye**
tax **koyisho**
tax payer **kopyishe kocho**
teach **doojo**
teacher **dooje niho**
team, pair of **kashshe gato**
tear **keetiyo**
tear **achimo**
tear a leaf **qeepho**
teeth **gashenaʔo**
teff **gashsho**
tell **gettiye**
tell a story **tocciye**
telling of tales **tocho tochahe**
temperate zone **guddifoo**
temperate zone **guudifo**
temporary **katine wote yiro**
ten **aashiroo**
ten **ashira**
tenth **ashirino**
termite **ambukko**
termite hill **ambukke kexo**
testify **mixo**
tether **geengib**
thaler **shillingo**
thank **naadiyo**
thanks (persons), to **naadiyo**
that **okkebi**
that **okkebare**
thatched **ooge gooto**
the above one **daamboye**
the fiber from ensete **yi'o**
the finish **ciiro**
the first milk of a cow **gaaro**
the nose **shikere**
the of the newly married **mocciniho**
the pipe (flute) **shumburo**
the rope **kuxxo**
the rope **maacho**
the steer **diigeniyo**
the striped leaves of ensete were used **maate kacho**
the sun rises (place) **aabi keyo**
the sun sets (place) **aabi gimo**
the traditional clothes in the Kafa area **wojo**
the traditional clothes made from leather **horo**
there **baqqaci**
there is **aaroc bete**
There is no verifying **t'iishiyo alle**
there is not **aaroc aalo**
these **hinnoshi**
they **boonoshi**
thick **angeco**
thick cloth **bulko**
thick cloth **gaabo**
thick, fat **ango**
thief **gayyo**
thigh **doosho**
thin **chicho**
thin bread **shembexo**

Kafinoonoo-English-ዐማርኛ Dictionary

thin cloth **paqo**
thin injera **shollo**
thin, be **chiche**
think **shelligo**
third **keejino**
third cup **chammbo**
thirsty for water **shacewo**
thirsty, be **shacewo**
thirteen **aaraa keemo**
thirty **shaashoo**
thirty **shasha**
this **hinare**
this **hinni**
thorn **angixo**
thorn **guccino**
thorny cabbage like plant **shimbirikkoo**
those **okkebi**
those **okkeboshi**
thousand **humo**
thousand **huuma**
thread **woshiqo**
thread a needle **woshiqe shuyo**
threaten **shaatiyo**
three **keeja**
three **keemoo**
three stones for hearth **gemmo**
three thousand **keejje humo**
threshing a corn **opho**
threshing floor **buddine hugo**
threshing for corn **ophpho**
throat **gonenoo**
throat **haawo**
throw **kiindiyo**
throw **awuro**
throw away **kixo**

throwing **qiriqiro**
thumb **indecco**
thunder **xeeyo**
thunder **xeeyo xeejite**
Thursday **adammo**
Thursday **aameshoo**
tide **daapo**
tide **buricho**
tide **daapo**
tie **chuyo**
tie up **chuyo**
tie, join **chuyo**
tie, join **daaniho**
tight, firm **manjiyo**
tighten **xaqqo**
time **gorro**
timid **yellecco**
tired, be **tahiye**
to add **dakkoo**
to advise **ciico**
to be added **daakkeyoo**
to be advised **ciicho**
to be afraid **shato**
to be asked **eecceete**
to be attracted, **keco**
to be begged **qolleyoo**
to be boiled **guppo**
to be bored **matoo**
to be bored by someone **mateyoo**
to be brewed or soaked **duucho**
to be chopped **qappeyoo**
to be closed **hicho**
to be closed **dojjeyoo**
to be cut **qecceyoo**
to be cut **tuuppo**
to be encircled **giicho**
to be finished **ciiro**
to be forgotten **batteyoo**

36

Kafinoonoo-English-ዐማርኛ Dictionary

to be full **miyo**
to be hanged **kakko**
to be hit **xooppo**
to be insulted **naakko**
to be kissed **shucho**
to be laid **yaggeyoo**
to be last long **kiimo**
to be loved **shucho**
to be on the cross on last Thursday **akkilletoo**
to be paid, to be divided? **qocho**
to be pinched **qiippo**
to be prevented **bacho**
to be released **bichoo**
to be robbed **bokko**
to be sang **duuppo**
to be saved **qooppo**
to be skinned, to be razed **chʔakko**
to be soaked **hacho**
to be sowed to be planted **shookko**
to be spitted out **chucho**
to be splitted, to be broken **baddeyoo**
to be tied, jailed **chucho**
to be twisted **wuqqeyoo**
to be wrapped **caacho**
to become thin **dalloo**
to beg **qollo**
to bend from upper part of the body **yito**
to breath **kasho**
to call by hand be **kafo**
to castrate **shaagiyoo**
to choose **kaacho**
to chop **qappoo**
to close **dojjoo**
to close **hichʔo**

to close eyes **shishinno**
to cover the roof for a house **daachoo**
to crawl **yuumo**
to cut **tuubo**
to cut **kuxo**
to cut **qecco**
to cut a bundle **qeco**
to despise, to degrade **hoxo**
to disturb **moozoo**
to drink **uyo**
to drive **gasho**
to drown **chʔiwulliyoo**
to eat **mamo**
to encircle **guudo**
to find **qaawoo**
to finish **chiicho**
to forget **batto**
to germinate **cido**
to give birth **shimo**
to go **hamo**
to hang, to cross **kaʔo**
to heap something **ubo**
to hear **eello**
to help one in need **iiriteton dego imo**
to hit **yexo**
to hit **xoobo**
to hit repeatedly **qico**
to hit repeatedly **yexo**
to insult **naago**
to judge **neello**
to kick for horse **qafo**
to knock door or wood **qofo**
to make rope **yexo**
to milk **shaabo**
to mix **xaʔeyoo**
to mix **xaʔoo**
to notify **arichiyoo**

Kafinoonoo-English-አማርኛ Dictionary

to pass a river or similar obstacle **kimo**
to pay, to divide **qoco**
to pick **maceyoo**
to pierce **koyo**
to pierce **qoripho**
to plant **bechoo**
to plant to sow **shooho**
to plug in insert **qooco**
to pound **koyo**
to prepare, produce seedlings **chʔolliyoo**
to put lay flat **yaggoo**
to release from jail or from tie **biisho**
to run **woco**
to scrap **quco**
to scratch **qoopho**
to shout **chookoo**
to sing **duubo**
to sing **duubo**
to skin, to raze **chʔago**
to smear, paint the floor **dikko**
to sooth someone **dachoo**
to spit out **chudo**
to spoil **duubeto**
to spoil **duubiyoo**
to sting (for bee) **dufo**
to stomp **neexo**
to stop sth, to prevent **dego**
to stretch **yaggoo**
to stumble **daddaaddo**
to suspect **phuuqoo**
to sweep **hidoo**
to take a bite **qeeco**
to take a handful **chʔogo**
to turn to bend **qaabeyoo**
to uproot, unplug **waaxo**
to weed out **shoco**

to win an argument, a case **nelleyo**
to wrap **caacco**
to wrap **chʔaaco**
to wrap **kaafo**
to wrap **qodo**
tobacco **boto**
today **haanac**
today, this day **hanaaac**
toes **baate yafero**
together with **na tokki**
tomb **maasho**
tomorrow **yaac**
tomorrow **yaaci**
tongue **eechiyo**
tooth **gasho**
tooth gap **heeccatoo**
top, upper **tommoc**
torch **beqòra**
torch **ebeqora**
torch (one) **chonjo**
torrent **babero**
touch **yesho**
toward **wan**
towards **aroo wan**
town **ketemo**
track of man **baate illo**
trade **giixo**
traditional clothes **dubbo**
Tragia pungen, a climber **shakki shimbirikkoo**
transport things **damidewo**
transport things **shaʔiyo**
trap, a **gumo**
trap, ground trap made from wood **gembekkoo**
travel **qaxiro**
tremble **tatebe diho**
tremble **tattello**
tribe **gumbo**

Kafinoonoo-English-ዐማርኛ Dictionary

trip **qaxxiro**
triturate **naaʔo**
triturate **naakko**
Triumfetta rhomboidea, a herb **mogeco**
Triumfetta rhomboidea, a herb **moggeco**
trousers **shuro**
true **iibeero**
trunk (of wood) **xuugo**
trunk (of elephant) **shiino**
truth **iibeereco**
try, attempt **heereco**
tube, tunnel **bobbo**
Tuesday **takkiyo**
turn **kaallo**
turn **kalle moʔo**
turning over objects **gaʔi wocco**
twelve **aaraa guttoo**
twenty **hiyya**
twenty **hijooꟾ hiyo**
twenty-eight **hiyaa shimittoo**
twenty-five **hiyaa ʔuuchchoo**
twenty-four **hiyaa awuddo**
twenty-nine **hiyaa yiixijoo**
twenty-one **hijaa ʔikko**
twenty-seven **hiyaa shabaattoo**
twenty-six **hiyaa shirittoo**
twenty-three **hiyaa keemo**
twenty-two **hijaa guttoo**
twin for animate **metto**
twin for roads **kaato**
twins **mato**
twist **uqqo**
twist, to **wuqqoo**
two **gutto**
two **guttoo**
two hundred **gutte ballo**
two hundred **gutte bella**
two thousand **gutte humo**
type of bird **xooro**
type of wood in the construction of a house **chʔangiyo**
typhoid **maashiyo**
typhoid **woogago**
uncircumcised penis **buuqo**
uncle brother of a father **niyeeshoo**
uncle, maternal **indemane**
uncle, paternal **indeiyoo**
uncover **gaaxo**
uncultivated land **qaatesho**
under, below **daambe**
unfermented **guusho**
unfold **yaago**
unload **shaago**
unload (for mule) **bishsho**
unload for human **kindiyo**
unmarried **shaagano**
unmatured child **bushe**
unsteadily **dada aaddo**
untie **biisho**
until **beedaha**
untying; translating, interpreting **biisho**
unwrap **qocceton biicci yaaggo**
up **damba**
up **geepo**
up **qayo**
up **tu chapho ʔʔ**
up **tiijjo**
upper grinding stone **xaqqe maano**

39

Kafinoonoo-English-*ዐማርኛ* Dictionary

upper part of the door **shaago**
upright, be **kaamo**
uproot **chammona waaxo**
uprooted **chammona waaceto**
uprooted **chammona waaxeto**
upset **gechachiniyo**
upset **iipiyo**
upstream **aachi qeto**
urban **katamo**
urinate **sheeyo**
urine **shheyo**
utter the **qare kiccoo**
vagina **shiitto**
valley **baambo**
vanquished, be **alliyo**
various types **daammo**
vertical **kaamo**
vertical **yiibano**
very **ooge**
village **gafo**
viper **xekaree**
viper **xekece**
viper **xekeree**
voice **qaaro**
vomit **choyo**
vulture **aako**
vulture (lummer geyer) **aremoo**
vulva, pipe **dego**
waist **deedo**
waist **siimeto**
waist **shimatoo**
waist **shimetoo**
wait **miicco**
wait!, stay! **miicco**
wake up **tiijo**
wake up, to **shurriko**
walk **shaado**
walk **chiixe wotto**
walk **acce bisho**
walk, take a **shaddeo**
wall **duuho**
want **qawwiyo**
war **koyo**
warm, be **qeechite**
wash **mayo**
wash cloth **acciye macco**
wash hands **kishshi macco**
wasp **injinjo**
wasp **yaarimbo**
waste **xabeʔo**
watch cattle **minji qiddo**
water **aacho**
water berry-tree (Syzygium guineense) **yino**
water fall **acci haano**
wax **haano**
we **noo**
We are finished **ciirahon**
weak **taaheco**
weak **waaro**
weak, be **taaho**
wealth **adduno**
wealth **yeyo**
wealth, habit **gaano**
wear **taho**
weather **ayeree ninno**
weave **shiffo**
weaver **shemaano**
wedding **gaaro**
wedged in, get **micci shikkano**
Wednesday **akkero**
weed **shocho**
week (moon) **shabatto**
weep **eefo**
well **woddo**

Kafinoonoo-English-አማርኛ Dictionary

well (water) **aaco opo**
well being **wodditino**
well, be **wode tuno**
west **abi gimoo**
wet **shaxo**
wet cloth **shu?ane taho**
wet wood **gaar mixo**
what **ammo**
what? **hammo**
wheat **tepho**
when **aato**
where **aabic**
where **gaa**
where from **ammoce**
where to **ammowan**
whey **ch?illoo**
whip **qeewo**
whip **yiraafo**
whisper **shaashikko**
whisper **shashiqo**
whistle **shenno**
whistle **sheno**
white **buukko**
white **necho**
who **koone**
who places a bee hive **maawo**
whole **cheeno**
whole **cheenona**
whom **koonin**
whose **kooco**
why **aamoyic**
wide **gaamino**
wide, be **gaamino**
wide, path **gaamini goammo**
widow **tumiye**
wife **mecce**
wild ass **gaadi kuuro**

wild ensete **eppoo yeseyitan qocho**
wild game **hareshe topheyo**
will, last **chayo**
win **wocci**
wind **qeerone**
wind **yiiro**
wind **yongo**
wind storm **yuuba**
wind storm **yuboo**
wind up **xacho**
window **melle kello**
wing **qoosho**
winnow the grain **maye xebo**
winnowing **maye sheko**
wipe **hidoo**
wipe **hiido**
wipe , massage **kaacco**
wipe, massage **yoopho**
wipe, massage **xiri?o**
wise **accecho**
wish **qaatoo**
wish **niyo**
with **na**
with **tokka**
with a pair of oxen **ange goyo**
without **lo**
witness **miixoo**
wolf **okeroo**
woman **urre**
woman's **buuro**
women of a husband **nuute**
wooden **mici uuxero**
wooden circular trey **gafeto**
woods **mixo**
wool **sufo**

Kafinoonoo-English-አማርኛ Dictionary

woolen **aqqe taho**
word **qaaroo**
work **gato**
work **shuuno**
worker **shuunecco**
working day **shuune abo**
worm **hiipero**
worm **hipparoo**
worm **hipperoo**
worm **naawutto**
worn out **chiimo**
worn out **chiiro**
wound **mayo**
wound of hot weather **tuto**
wounded **mayo**
wrestle **qiicho**
wrist **qillii miico**
yawn **hawuto**
yawn, to **haawutto**
year **oono**
yearn for **sheerato**
yellow **kelleshe**
yellow **miccio**
yellow color **keellesho**
yes **eʔe**
yesterday **yiic**
yet **bet**
yolk **kekino**
yolk **kekkino**
you **hiino**
you **ne**
you **ne**
you (pl) **iitoxhi**
you (res) **iitti**
you were kicked **qappeto neene**
young **bareho**
young grain **moocco**
young man **gurmasho**

young woman **urmace maace**
younger **gucce mano**
younger brother **gucce mano**

Kafinoonoo-English-ዐማርኛ Dictionary

ዐማርኛ-Kafa

(የምግብ)፤ ምግብ manje mayo
ኅሙስ adammo
ኅሙስ aameshoo
ሐሜት ooniyo
ሀምሌ guddii
ኅምሳ aachchoo
ኅምሳ aaco
ኅምሳኛ aaccino
ሀሞት miiraro
ሃሳብ፤ አስተሳሰብ shalligoo
ሀብታም gano
ሀብታም፤ ልማድ gaano
ሀብታም መሆን gaaneci tuno
ሀብት፤ ሲሳይ፤ አዳኛ yeyo
ሀብት፤ አዳኛ adduno
ሃያ hijoo፤ hiyo
ሃያ hiyya
ሃያ ሁለት hijaa guttoo
ሃያ ሰባት hiyaa shabaattoo
ሃያ ስምንት hiyaa shimittoo
ሃያ ስድስት hiyaa shirittoo
ሃያ ሦስት hiyaa keemo
ሃያ አምስት hiyaa ʔuuchchoo
ሃያ አራት hiyaa awuddo
ሃያ አንድ hijaa ʔikko
ሃያ ዘጠኝ hiyaa yiixijoo
ሀይለ ቃል qochali moyo
ኃይል giido
ኃይል giidon
ሐይቅ gejjo
ሁለቱንም ዘፈንና ጭፈራን ያካትታል duubbi bee
ሁለት gutto
ሁለት guttoo
ሁለት መቶ gutte ballo
ሁለት መቶ gutte bella
ሁለት ሳምንት gutteshabatto
ሁለት ሺ gutte humo
ሁለት ወር ታልቦ ያልተቀመሰ ወተት iicibo
ሁሎም bulli
ሁሉም፤ ሁሉም ነገር ubba
ሁሉም፤ ሁሉም ነገር ubbi
ሁልጊዜ bulaabo
ሂችን መዝፈን hicho
ሀልም gummo
ሀልም gumo
ሕመም biiyo
ሕመም biiyyo
ህይወት ወደ kashe imo
ሀዳር shashikabi
ሆራ dachoo
ሆዳም mach gayyo
ሆዳም phaʔo
ሆድ maacho
ሆድ maacho
ለ c
ለሀጭ (የእንስሳት) choci illo
ለሁለት መከፈል gaakite
ለሆቴ gayiroo
ለሊት xum
ለሌሎች ቀልጧል wochcho
ለልብስ ጨርቅ maaddo
ለመሄድ hamo
ለመሞረድ gayiro
ለመሞረድ gayiroo
ለመሰረር ሴቷ እንሰሳ ላይ መፈናጠጥ shueegio (refl)
ለመሰረር ሴቷ እንሰሳ ላይ መፈናጠጥ shuugo

Kafinoonoo-English-አማርኛ Dictionary

ለመቁረጥ ስጋውን ይቁረጡ yajjirite
ለሙሽራው ጥሎሽ maagayo
ለማለብ eeje qondo
ለምለም ሣር hoocho
ለምን aamoyic
ለምግብ መንስፍሰፍ pha?i beto
ለምጻም nedayo
ለምጽ coroo
ለሰላሳ naaqqulo
ለሰላሳ nallite
ለሰላሳ niiro
ለሰላሳ [ለመጠጥ] bushe uyyo
ለሰላሳ ድንጋይ naallo
ለበጎች dogo
ለቢላዋ duchite
ለቤተ ክርስቲያን hookoo
ለቤት መቀለፊያ ባሕላዊ qochchileto
ለተቸገሩት መርዳት iiriteton dego imo
ለትልቅ ማከማቻ gooto
ለወተት eeje booto
ለዛፍ ዛፍ ጠርዝ chillo
ለይቶ ማወቅ qephph bario
ለጊዜው መጥፋት iiko
ለጋስ de?o 2፤2
ሊሆን መቻል haakiyee
ሊሆን የሚችል allo
ሊሆን ይችላል ha?iyo
ሊርቁት የሚፈልጉት ሰው wokkacho
ሊፈታ ይችላል bichoo
ላም miimi
ላም shiingare
ላባ wuullo
ላብ chaajo
ላh wocciyoo
ላይ tiijjo

ሌላ baro
ሌላ baro
ሌባ gayyo
ልመና፣ ጸሎት qollo
ልምጭ immiccoo
ልብ mullo
ልብ teefo
ልብስ qoreddo
ልብስ taho
ልብስ (የወንድ) kesheto
ልብስ፣ ልብስ taho
ልዩ ልዩ አይነቶች daammo
ልጅ (ከልጅ) busho
ልጅ፣ መራመድ ያልጀመረ፣ የማይራመድ gagere busho
ልጅ፣ ወንድ busho
ልጥ sheroo
ልጥፎች ukkiro
ሎሚ booro
ሎሚ turingo
መሃል ላይ deggoc
መሃን bukkesho
መሄድ hammo
መሆን tunete
መለመን qolleyoo
መለመን qollo
መለመን qoolete
መለስለስ (ለጋ) ለመጠጥ garrete
መለቅለቅ (የቤት ወለል) dikko
መለንቀጥ naa?o
መለንቀጥ naakko
መለከት shameto
መለካት taaco
መለወጥ shaddo
መለየት፣ መሄድ qephpho
መለየት፣ መራቅ wochchiye
መለያየት kaphpho
መለጠፍ xiri?o

Kafinoonoo-English-ዐማርኛ Dictionary

መላላት koxito
መላላት koxito
መላስ naapho
መላብ chaajo
መላh wocco
መላጥ huco
መላጥ huucho
መላጥ qashiro
መላጨት caggo
መላጨት chakko
መላጨት chʔakko
መልስ wocco
መልስ wooco
መልቀም maceyoo
መልቀም macoo
መልቀም mecho
መልበስ taho
መልኣh maarako
መልዕክት አስገባ kochcho
መልካም woddo
መልካም፤ ደህና መሆን wode tuno
መልh meeleto
መመለስ wocciye
መመልከት megazo
መመሳሰል shaheyo
መመሳጠር iqoyito
መመሪያ shiicciyo
መመሪያ ሊስጥ የሚገባ መመሪያ
መስጠት giidoona qoppho
መመታት xooppo
መመንጠር dafo
መመንጠር ጨካን qeemo
መመኘት niyo
መመኘት niyon beekio
መመከር ciicho
መመገብ manjo
መመገብ woddi maamo
መመጥመጥ muuqqo

መሙላት cheecco
መማረh keco
መምህር dooje niho
መምረጥ kaacho
መምረጥ kacho
መምረጥ ሰው ከሰው qepho
መምሽት xummete
መምታት gugite
መምታት huugite
መምታት xoobo
መምታት yeexite
መምታት yexo
መምታት yexxo
መምከር ciico
መማቅ choyo
መማቅ qechite
መማቅ፤ qeechite
መማከር heereco
መሰላቾት በሰው mateyoo
መሰላቾት በሰው matoo
መሰቀል kakko
መስቅስቂያ iilaʔo
መሰብሰብ keecho
መሰብሰብ kicco
መሰብሰብ kiichiyo
መሰብሰብ፤ ማዋሃድ iinjo
መሰብሰብ፤ ማዋሃድ kiichiye
መሰናከል toollo
መሰደብ naakko
መሰጠት icho
መሳል፤ ንድፍ ሰው'ን koto
መሳም shucho
መሳም shumo
መሳሪያ qafeto
መሳቅ miicho
መሳብ geecoo
መሳደብ naago
መሳደብ naggo
መሳደብ woogo

Kafinoonoo-English-ዐማርኛ Dictionary

መስመጥ ch_?iwulliyoo
መስማማት maashamite
መስማት eello
መስማት የተሳነው uullete
መሰረቅ gajjiye
መሰረቅ፣ ማታለል gayoo
መስቀል ka?o
መስቀል kaqqiye
መስቀል kuxxo
መስቀል (ወንድን) yoodo
መስበር tiicciye
መስበር መውቀጥ baxxe gaaho
መስተዋት heerawo
መስቱዳር aajjo
መስታወት heerrawo
መስከሪም kelli
መስከር maasho
መስከር mixo
መስክ baako
መስኮ bakko
መስኮት melle kello
መስጠት imo
መስጠት uyoc imo
መሰፋት shifo
መሶብ shillawo
መረሳት batteyoo
መረቅ፣ ሾርባ cabboo
መረበሽ moo?oo
መረብ dabbo
መረዳዳት ganamo
መረጃ መስጠት imo
መረጃ መስጠት shaxe daaniyo
መረገጥ qappo
መረጣ goominyo
መረጣ shaagganiyo
መሪ diigeniyo
መሪ shiico
መሪ yaabo

መራመድ acce bisho
መራመድ maacho
መራራ chaamo
መራራ kikito
መራራ miiraro
መራራ chaamete
መራቅ wokkiye
መራብ shaachoo
መራገም ufo
መራገፍ tebbeyoo
መሬት showo
መሬት showo
መሬት showo wan
መርሳት baato
መርሳት batto
መርታት nelleyo
መርከስ qaalo
መርከዝም geenjite
መርዝ atto
መርዝ merzo
መርዝ wuximi
መርገብገብ yoppite
መርገጥ qafo
መርገጥ ለፈረስ qafo
መርገጥ፣ መረምረም neexo
መረገጫ shaaco
መርጋት shashemio
መርጠብ shuxxe ayero
መርፌ nappo
መሮጥ wocho
መሮጥ woco
መሸመን shiffo
መሸምጠጥ yuupho
መሸርከት kaapho
መሺሽ yoobo
መሻከም shaago
መሸጥ kecho
መሸጥ kemo
መሸፈን አንድን ነገር qeero

Kafinoonoo-English-ዐማርኛ Dictionary

መሸፈን ጭንቅላትን qelle chaco
መሻር maaro
መሻት qaawo
መሻገር kimo
መሻጥ qooco
መሽተት shiiqo
መሽናት sheeyo
መቀላቀል ushshiyo
መቀመጥ gabere shuno
መቀመጥ kotete
መቀመጥ kottehe
መቀመጫ gaabero
መቀማት bokko
መቀርቀር diq
መቀርቀር keeyi keele muchcho
መቀረፈፍ ophpho
መቀባት huuto
መቀባት (አግዚአብሔር) yeer chuudito
መቀጠል qoqqane yesho
መቀጥቀጥ qico
መቀጥቀጥ፣ ኮርማ ማድረግ qichcho
መቁረስ ምግብን qorixite
መቁረጥ kuxo
መቁረጥ qappeyoo
መቁረጥ qecco
መቁረጥ tuubo
መቁረጥ qechche kuxxo
መቁጠር haddo
መቃብር maasho
መቃብር maasho
መቃኘት፣ ማሰስ፣ ምውጠቅ haachi toomonaa yarrallo
መቃወም፣ እንቢ ማለት sheeno
መቃዦት dayino
መቃጠል micho
መቃጠል (እፍን) shaayo

መቅለጥ ለቅቤ qefe garriyo
መቅላት kaawo
መቅረብ katenete
መቅረብ katineyo
መቅረፅ gayiro
መቅበር duuho
መቅደድ keetiyo
መቅደድ keeto
መቅዳት kito
መቅጣት sheero
መቀለፍ kochilete
መቀለፍ kochiletete
መቆም neexete
መቆም neexo
መቆረጥ qecceyoo
መቆረጥ tuuppo
መቆራረጥ በትናንሹ yaajire
መቆርጠም (ለሕመም) qayo
መቆሸሸ kinnite
መቆሸሸ፣ ያልተጣራ bacheto
መቆንጠጥ qiipho
መቆንጠጥ qiippo
መቆንጠጫ qem baaxo
መቆጠብ qooppo
መቆጠብ ለማስቀመጥ qoopho
መቆጠብ ለማስቀመጥ shiimo
መቆጠብ ምርቶችን shiimo
መቆጣት gachachino
መቆጣት iipete
መቆፈሪያ makkeco
መቆፈሪያ shoqqo
መቆፈር iiyo
መቆፍቆፍ፣ መቅርቀር qofo
መቅማያ geenje deego gumbo
መቂጠር quullo
መበለት tumiye
መበሳጨት gechachiniyo
መበሳጨት iipete

Kafinoonoo-English-ዐማርኛ Dictionary

መበርታት niicco
መበተን shaachchiye
መበደር qixiyete
መበደር qixiyo
መበጠስ aabe kayo
መበጠስ ቅጠልን qeepho
መበጥበጥ ukko
መበጥበጥ (ለጠላ) diʔete
መበጥበጥ፣ ማማሰል murro
መበጥበጥ፣ ማጣላት ashoni worrite
መባረክ diiro
መባያ woxxo
መባያ woxxo
መብላት mamo
መብላት፣ መመገብ፣ መበላት maamo
መብሰል kasho
መብሳት ejjite
መብሳት goripho
መብሳት hoto
መብሳት icco
መብሳት qoripho
መብሳት፣ መውጋት koyo
መብረር yoobo
መብረቅ xeeyo
መብዛት፣ ብዙ መሆን woddona
መቢጨር፣ መቢጠጥ qoopho
መተረክ tocho tochahe
መተንበይ keemiyo
መተንበይ፣ መጠንቆል keemo
መተንፈስ kaasho
መተንፈስ kasho
መተከዝ tuumo
መተኮስ በጠመንጃ qawwe dafo
መተው qaajiye
መተፋት chucho
መታሰር chucho
መታረስ gocho
መታነቅ chuuqqo
መታዘዝ፣ መመልከት mulleco
መታዘዝ hajjiyo
መታገል qiicho
መታጠቢያ ጨርቅ acciye macco
መታጠብ maccete
መታጠፍ qaabeyoo
መትከል bechoo
መትፋት chudo
መፄ ballo
መፄ bella
መፄ bello
መቼ aato
መነቅነቅ tiggico
መነንጠቅ፣ መቀማት bogo
መነገድ giixo
መነጋገር yiibato
መነጠፍ yaggeyoo
መናቅ chiigo
መናቅ፣ ማንቋሸሽ gachcho
መናቅ፣ ማንቋሸሽ hoxo
መናቅ፣ ማንቋሸሽ hoxxo
መናገር gettiye
መናገር yibaato
መናጥ qico
መናፈሻ daade goyyo
መናፈቅ sheerato
መናፈቅ sherrato
መናፍስት eqqo
መንሳፈፍ koofo
መንሸራተት giino
መንቀል waaxo
መንቀል(አንድ ጊዜ) ጠርን hixxo
መንሳቀስ shuuro
መንቅጥቀጥ qewwo
መንቅጥቀጥ መንገዳገድ tattello
መንቃት qallite

Kafinoonoo-English-*ዐማርኛ* Dictionary

መንበርከከ፤ መዳህ guttino
መንተባተብ ʔapero
መንታ (ሕይወት ላላቸው ነገሮች) metto
መንታ ለመንገዶች kaato
መንትያ mato
መንከስ shachite
መንከባለል gedo
መንከባለል phuxiro
መንካት yesho
መንደር gafo
መንደፍ kufo
መንደፍ (ለንብ) dufo
መንዳት gasho
መንዳት (እንስሳት) gisho
መንነስ taati tino
መንገዱን አግድ tolle kotio
መንገድ፤ መንገድ boco
መንገድ፤ ጎዳና gumo
መንጋጋ gaamo
መንጋጋ gammo
መንግሥተ ሰማያት chadiqo
መንጠር beenoʔ
መንጠር duufo
መንጨት (አንድ ጊዜ) ፀጉር ijetto
መንፋት hugo
መንፋት፤ መንፊያ maye gugo
መኖር beemo
መኗታ qeeno
መከልከል bacho
መከመር dollete
መከመር doollo
መከመር ubo
መከመር uubo
መከራ girritino
መከራከር (ለመወዳደር) gaajitiyo
መከር yarrimo

መከበብ giicho
መከተል dabboo
መከታተል yummo
መከፈል ለገንዘብ፤ ለእቃ qocho
መካከለኛ መጠን xaci koyo
መካከለኛ፤ ማእከል gutti deg
መካከል dagg
መካድ፤ አለመቀበል ነገርን nookko
መከሳት dalloo
መከበብ giisho
መከበድ፤ ከባድ መሆን meggete
መከተፍ baxite
መከተፍ qappoo
መከፈል qocho
መከፈል qoco
መከፈል qoodo
መከፈት qecco
መከምጠጥ kiikite
መኮረጅ shahi kiito
መኮብለል፤ ጠፍቷል hushsho
መኩትኮት uchoo
መወሰን daarete
መወሰን machcho
መወራረድ gajitete
መወርወር kiindiyo
መወርወር qiriqiro
መወበቅ hoomeyoo
መወበቅ hoomoo
መዋኘት waakko
መዋኘት waako
መዋኛ koteti acho
መዋጋት koyo
መዋጥ qooxo
መውለድ shimo
መውለድ ልጅ shiite
መውሰድ daamio
መውሰድ daamo
መውሰድ damite

Kafinoonoo-English-ዐማርኛ Dictionary

መውሲድ worasho
መውረስ worasho
መውረድ፣ ተዳፋት መጋዝ kiindo
መውቀጥ busho
መውቀጥ dollo
መውቀጥ koyo
መውቀጥ መፍጨት ubbo
መውደቅ፣ (ጭነት) shaago
መውደቅ፣ መቆረጥ kuxxo
መውደቅ፣ መቆረጥ maacho
መውደድ shuno
መውጣት gabiko
መውጣት keelleto
መውጣት keeyo
መዘርጋት qocceton biicci yaaggo
መዘርጋት yaggoo
መዘቅዘቅ፣ ተዳፋት መሆን shokite
መዘጋት dojjeyoo
መዘጋት hicho
መዘፈን duuppo
መዘፈዘፍ hachʔo
መዘፍዘፍ hacho
መዛመት shacho
መዛመት፣ መስፋፋት yaago
መዛቅ bicho
መዛቅ bido
መዝለቅ kiimo
መዝረፍ፣ መውረር mashsho
መዝራት shooho
መዝራት shookko
መዝናናት፣ መደሰት iimiro
መዝገን chʔogo
መዝጋት dojjoo
መዝጋት hicho
መዝጋት hichʔo
መዝጋት በር በባሕላዊ መንገድ qochileto
መዝፈን duubo

መዝፈን duubo
መዠር guudo
መዠር kaallo
መዠር ለአቅጣጫ kalle moʔo
መዦለጥ xobbiye
መያዝ yeesho
መያዝ yeesho
መያዣ keendo
መያዣ shiimo
መያዣ yeesho
መደብደብ yexo
መደነስ chaapo
መደናቀፍ daddaaddo
መደንዘዝ dingiirato
መደገፊያ ባላ quddo
መደፍረስ diʔo
መዳህ ginno
መዳህ yuumo
መዳሕ yummo
መዳኘት shuunite
መድሃኒት attenaʔo
መድማት damete
መድረስ shaggiite
መድረስ፣ መጤጋት giiddo
መድረቅ shuʔo
መድከም taaho
መድከም tahiye
መደሻ tuutto
መደሻ (ከእንጨት) yexi muxo
መጀመሪያ፣ መሆን ikkine tuno
መጀመሪያ የተወለደ qaabo
መጀመር kottite
መጅ xaqqe maano
መገላመጥ sheexo
መገልበጥ guufo
መገናኘት daano
መገደብ፣ መከልከል dego
መጉመጥመጥ guch ayyo
መጉመጥመጥ gucho

50

Kafinoonoo-English-ዐማርኛ Dictionary

መጉመጥመጥ gunguruch
መጋለብ baho
መጋሪድ ከነፋስ qeerone
መጋሪኛ maachilato
መጋቢት magera kaaphi
መጋገር kaachite
መጋጨት qicceyo
መግለጥ mocci shac'o
መግል giiyo
መግል shiimo
መግል shiiyo
መግል shuʔo
መግመድ yexo
መግመጥ qeeco
መግረዝ dokiritte
መግራት dojo
መግራት፣ ለማዳ ማድረግ yoho
መግዛት፣ መሽጥ keemo
መግዛት፣ ማስተዳደር donjitino
መግደል wuxo
መግፋት xuʔo
መግፋት ወደፊት qixo
መጎተት geeco
መጎንጨት፣ መጉረስ kuupho
መጎዳት miixete
መጓጓት sheerato
መጠመምላል shikka niyo
መጠመቅ duucho
መጠማት shacewo
መጠምዘዝ wuqqeyoo
መጠምዘዝ wuqqoo
መጠርጠር phuuqoo
መጠርጠር phuuqoo
መጠቅለል caacco
መጠቅለል caacho
መጠቅለል chʔaaco
መጠቅለል kaafo
መጠቅለል qodo
መጠቅለል xacho

መጠበቅ miicco
መጠበቅ quyyete
መጠበቅ yaagiyo
መጠንከር kuphite
መጠየቅ eeccceete
መጠጋት giideyo
መጠጣት uyo
መጠፍጠፍ xeko
መጣል awuro
መጣል diico
መጣል (ለድንጋይ) duffone
መጣል፣ ማሸቀንጠር kixo
መጣላት shixo
መጣመቅ duusho
መጣመቅ (ለጠላ) duusho
መጣረቢያ qoofio
መጣረቢያ qufiyoo
መጣረግ hidoo
መጣረግ hidoo
መጣረግ hiidoo
መጣረግ፣ ማሸት ሰውነትን yoopho
መጣበስ miicco
መጣቡብ xebbo
መጣባት xammo
መጣገብ miyo
መጣፋት aasho
መጣፋት koxito
መጣፎ gonda
መጣፎ goondo
መጣፎ naag
መጣፎ (የማይረባ) ቅጥር uuxero
መጣፎ መርዝ ምግብ duubeti mayo
መጣፎ ስሜት መሰማት gonde qexxo
መጣፎ ስሜት መሰማት gonde shelligo
መጣፎ ሽታ sheelo

Kafinoonoo-English-ዐማርኛ Dictionary

መጥፎ ዐድል berallo
መጥፎ ዐድል mellalo
መጨለሻም፣ ጨለማ መሆን menderete
መጨመር daakite
መጨመር daakkeyoo
መጨመር dakkoo
መጨረሻ chiicho
መጨረሻ yiic xum
መጨፈን፣ ዐይንን መካደን shishinno
መጫን keecho
መጫን keepho
መጫኛ shaacco
መጫወት kaayo
መጫወት duubo
መጭመቅ hiichcho
መርኳህ choko
መርኳህ chookoo
መርኳኸ bunno
መጣጉአ quto
መጣጉአ quuto
መጽሐፍ መሽፈን፣ መለቢድ kaffona
መፈለግ danno
መፈለግ qaawo
መፈለግ qaawoo
መፈልፈል በቆሎን opho
መፈልፈል በቆሎን ophpho
መፈረያም፣ መስጠት melleto
መፈቀር shucho
መፈተግ ሉቆሎ kaacco
መፈንዳት xappisho
መፈጸም qeenayite
መፋቅ hitte oyo
መፋቅ quco
መፍላት guppo
መፍሰስ koofo
መፍሰስ uukko
መፍረድ geenete

መፍረድ neello
መፍረጥ geedo
መፍራት shaatiye
መፍራት shatite
መፍራት shato
መፍታት፣ መልቀቅ biisho
መፍታት፣ መልቀቅ biisho
መፍታት፣ መተርጎም biisho
መፍትሔ mero
መፍጠር hallo
መፍጠር mero hallo
መፍጨት manjaano
መፍጨት yiikko
ሙሉ cheeno
ሙሉ cheeno
ሙሉ cheenona
ሙሉ ምግብ ስጡ maanjo
ሙላ cheeco
ሙላ፣ እስከ cheeco
ሙልሙል kaako
ሙሬ xaqqe hidde yi?e kuno
ሙሽሪት wo?e
ሙሽራ kawo
ሙሽራ wo?ena?o
ሙሽራ woe keno
ሙሾ hicho
ሙቀት gamo
ሙቀት kechite
ሙቀጫ botto
ሙቀጫ ዘነዘና tuuto
ሙዝ muzo
ሙጀ keephoo
ሚስት mecce
ሚስት ማግባት mece shaago
ሚያዚያ yaangixa phishi
ሚዳቆ xiixole
ማሁተም dufo
ማለም gumo

Kafinoonoo-English-ዐማርኛ Dictionary

ማለብ shaabo
ማለት geto
ማለክለክ mucho
ማለዳ harre yaʔoc
ማለዳ፣ ንጋት yaaʔo
ማለፍ beesho
ማለፍ፣ መስቀል besho
ማለፍ፣ መስቀል kuxo
ማልቀስ eefo
ማልቀስ effo
ማልቀስ efo
ማመም iiji beto
ማምስገን naadiyo
ማመንጨት፣ ወለደች biidicio
ማማሰል baacho
ማማሰያ hichcheto
ማማት oono
ማማት oono
ማማት ʔoono
ማማከር ciico
ማምለክ (ሰውን) shoddiye
ማምለጥ muricho
ማሚላት taacco
ማሰራጨት beecco
ማሰር chuyo
ማሰር chuyo
ማሰብ shelligo
ማሳወቅ arichiyoo
ማሳደግ (ከብቶች) shiijo
ማሳደግ፣ ማንሳት shiijo
ማስረጃ xiisho
ማስቀመጥ kottiyo
ማስቆባት iipiyo
ማስተማር doojo
ማስተዋወቅ aariciyoo
ማስተዳደር፣ ማዝናናት acc bishiihe
ማስተዳደር፣ ማዝናናት yaabite
ማስታረቅ shuniyo

ማስታረቅ shuno
ማስታወከ choyo
ማስነጠስ hexxiyo
ማስወገድ keefo
ማስዋብ wejjo
ማስገባት muxete
ማስፈራራት shaatiyo
ማስፋፋት iicco
ማረም shoco
ማረስ goyo
ማረስ goyyo
ማረስ iiyo
ማረስ kottero
ማረድ guuro
ማረጋገጥ የለም t'iishiyo alle
ማረፊያ ቦታ kashe xaʔo
ማራዘም geenjiyo
ማራገፍ tebbo
ማራገፍ አዋራን qutte tebbo
ማር ʔeyo
ማርዳት mushsho
ማርዳት shosho
ማሽንፍ wocci
ማሽተት shungo
ማቃጠል miccoo
ማበሳጨት iipiyo
ማበሳጨት ippiite
ማበረታቻ gaacho
ማበብ buungo
ማበብ sheeho
ማቢደር erretete
ማቢደር rettiyo
ማቢድ geyyo
ማበጠር kaacho
ማበጠር kaphoo
ማበጥ nafeʔo
ማባረር duʔio
ማባረር yooho
ማባበል dachoo

53

Kafinoonoo-English-ᎦᎹᎶᏄ Dictionary

ᎹᏛᏏᎵ kaacite
ᎹᏛᏏᎵ micco
ᎹᏛᎹ dufo
ᎹᏔᎸᎵ daacco
ᎹᏔᎸᎵ daawusho
ᎹᏔᏏᎡ chuyo
ᎹᎴᏅ chiiqqo
ᎹᎴᏎ kasho
ᎹᎴᎸᏏ dogeshsho
ᎹᎴᎸᏏ hekkelo
ᎹᎴᎸᏏ shekkelo
ᎹᎴᏩᎴᎮ shiiqo
ᎹᎵᎼᏘ ᏯᎸᎸᏏ꞉ ᏯᎻᏯ shalliye
ᎹᎵᎼᏘ ᎸᎸᏏ꞉ ᎠᎻᏯ gashgishiye
ᎹᏅ koone
ᎹᏅᏎᏘ tiijo
ᎹᏅᏎᏎᏏ ᎹᏔᎹᏃ shuurikko
ᎹᏅᏎᏛᏛ qeewwo
ᎹᏅᏇᏛᏘ guuranno
ᎹᏅᏅ koonin
ᎹᏅᎿᏔᎹ warije
ᎹᏅᏀᎵᎼᏘ kaato
ᎹᏅᏢᎸᏏ maye sheko
ᎹᏅᏢᎸᏏ ᏛᏔᎴᏛ woqqo
ᎹᏅᏕᎸᏘᏯ maaxxo
ᎹᏅᏕᎲ yaggoo
ᎹᏯᎸ chooko
ᎹᎧᏏᎵ daapo
ᎹᎪᎾᏍ haalo
ᎹᎪᏎᎷ takkiyo
ᎹᎪᏏᏳ (ᎠᎹᎸᎴᏅ) giibenehe
ᎹᎪᎸᎳᏎᏘ nashoo
ᎹᎪᎸᎳᏎᏘ shaagiyoo
ᎹᏋᏛ ariyo
ᎹᎿᏏ eeretiyo
ᎹᏋᎸᏛ kiico
ᎹᏋᎵᎹ dubiyo
ᎹᏃᎵ ᏛᎠᏆ ᎻᏯᏃ tiqqo

ᎹᏃᏅᏓᎵ chiixxiyo
ᎹᏃᏃ hajjo
ᎹᏃᏘᏘ haawutto
ᎹᏃᏘᏘ hawuto
ᎹᏯᏘ beego
ᎹᏯᏘ chiino
ᎹᏕᏏ꞉ ᏑᎾᏗ yeesho
ᎹᏕᏛᎸᏉ xa?eyoo
ᎹᏕᏛᎸᏉ xa?oo
ᎹᏕᏅ daabbo
ᎹᏕᏕ chollo
ᎹᏕᏕ diicho
ᎹᏕᏕ tiijo
ᎹᏕᏋᎵᏏ ᏓᎿᏅ qudete
ᎹᏓᎸᏲ giino
ᎹᏛᏄᏅ nil?o
ᎹᏛᏄᏅ qaccice
ᎹᏛᏏ nayeete
ᎹᏑᏏ nayete
ᎹᎸᎿᏅᏘ꞉ ᎼᏄᎸᏏᎵ daaniho
ᎹᎸᎿᏅᏘ꞉ ᎼᏄᎸᏏᎵ yeeshiyo
ᎹᎸᎿᏅᏘ꞉ ᏔᏄᎸᏏᎵ chuyo
ᎹᎸᏛ wokkiyo
ᎹᏋᎴᎹᎴᎹ꞉ duufo
ᎹᏋᎴᎹᎴᎹ꞉ ᎼᏔᎸᎹ guuqoo
ᎹᎹᏛᏘ shaagio
ᎹᎿᏅᏘ danno
ᎹᏅᏛᏏ yito
ᎹᏛᏘ uxxero
ᎹᏛᏛ mayo
ᎹᏛᏅᎼ tiiggo
ᎹᏛᎮ qodete
ᎹᏛᎮ qodite
ᎹᏛᎮ qodo
ᎹᏔᎸᏏ teego
ᎹᏔᏛᏅ ushsho
ᎹᏔᏛᏅ꞉ ᎼᏔᏛᏅ baaddo
ᎹᏔᎸ muchcho
ᎹᏖᏛᏅ xaqqo

Kafinoonoo-English-አማርኛ Dictionary

ማጥፋት alliyo
ማጥፋት dooki aliyo
ማጥፋት፣ ማበላሸት duubeto
ማጥፋት፣ ማበላሸት duubiyoo
ማጨስ chufio
ማጨሻ botto
ማጨብጨብ koppo
ማጨብጨብ naadiye
ማጨት (ለጋብቻ) tifo
ማጨድ qeco
ማጭበርበር dawuusho
ማጭድ megado
ማጭድ ገጀራ magade
ማጭድ፣ ገጀራ ወሌ wella
ማጻናኛ (ለምሳሌ፣ ለሐዘን ጊዜ) goggiyo
ማጽዳት iikiyo
ማፈስ usho
ማፈር yeelo
ማፈናቀል gocciyo
ማፈንዴድ ጆሮ አንደመያዝ phijjete
ማፋጨት yophpho
ማፍላት kaacite
ማፍላት (አጠቃላይ?) gufo
ማፍሰስ ukoo
ማፍሰስ ለቤት choto
ምላስ eechiyo
ምላጭ፣ መቆንጠጫ aarifo
ምላጭ፣ መቆንጠጫ apo
ምልክት፣ ንቅሳት የፊት ወይም የጎሳ melete gedo
ምሰሶ giimbo
ምሰሶ gimboo
ምሳሌያዊ አነጋገር፣ ተረትና ምሳሌ shaahiyo
ምሳሌያዊ አነጋገር፣ ተረትና ምሳሌ tooco
ምሥራቅ፣ አማሴሎ daggichoo
ምሥራቅ፣ ፀሐይ የወጣችበት ቦታ aabi keyo
ምስር michchio
ምስከር miixoo
ምስከር ሁኑ miixo
ምስከር መሆን mixete
ምስጋና (ስዎች) naadiyo
ምስጥ ambukko
ምራቅ chudo
ምራት naa micce
ምራት፣ ዋርሳ፣ የባል ወይም የሚስት እኅት beeje
ምራን shuwo wuʔoo
ምርጊት dufo
ምሽት xum
ምሽት፣ ምግብ gifiro
ምሽግ መገንባት hirio
ምንም ammona
ምንባብ (በመጽሐፉ ውስጥ) gondiyace
ምንባብ (በመጽሐፉ ውስጥ) sheemesho
ምንድን ammo
ምንድነ hammo
ምንጭ xuupho
ምኛታ qeeno
ምጭት qaatoo
ምዕራብ abi gimoo
ምዕራብ፣ የፀሐይ መጥለቂያ (ቦታ) aabi gimo
ምከር booyo
ምከር boyeyo
ምከንያቱም ebi nabona
ምድር showoo
ምድጃ geemo
ምድጃ sheello
ምድጃ sheendo
ምግባር tuuniyo
ምግብ mayyo
ምግብ ለአንግዳ aatalo

Kafinoonoo-English-ዐማርኛ Dictionary

ምግብ ማብሰል kaaccite
ምግብ ማዘጋጃት kiiyo
ምግብን ወደ አፍ መውስድ
kaphpho
ሞልቶ (እጅግ በጣም ብዙ)
churrixo
ሞልቷል diiho
ሞቃት worefo
ሞት chiimo
ሞቷል qixiye
ሞኝ diqqo
ሞገድ daapo
ሰላምታ diggo
ሰላሳ shaashoo
ሰላሳ shasha
ሰማንያ shinno
ሰማንያ shinnoo
ሰማያዊ diibeeno
ሰማይ gummo
ሰማይ፣ እግዚአብሔር yeero
ሰሜን daamba
ሰሜን qena
ሰሜን yooca
ሰም giippo
ሰም haano
ሠራተኛ shuunecco
ሠራዊት giini adero
ሰርዶ caammero
ሰርግ gaaro
ሰባ shaaba
ሰባ shaboo
ሰባተኛ shabaatino
ሰባት shaabatta
ሰባት shaabattoo
ስነፍ (ደካማ አይሁን) yexero
ሰናፍጭ shanaafoo
ሰኔ dudii
ሰንሰል sharsharoo
ሰኞ shannoo

ሰኞ taccayo
ሰው shiyimo
ሰው urro
ሰው asho
ሰው እድን wodiyo
ሰዎች mechcho
ሰይፍ፣ ጎራዴ መምዘዝ shefon
gonenoce kiico
ሰጎን shaakkoo
ሰፊፍ የማር giipo
ሰፈ gaamino
ሰፈ gaamino
ሰፈ፣ መንገድ gaamini
goammo
ሱሪ mutanto
ሱሪ shuro
ሱቅ xaqqo
ሱፍ aqqe taho
ሱፍ sufo
ሳህን sahno
ሳል oshiyo
ሳማ shimbirikkoo
ሳምንት (ጨረቃ) shabatto
ዛር ለቤት ክዳን diishsho
ዛር መቀረጥ waaxe
ዛር፣ አዲስ noolle mocho
ዛር፣ እርጥብ gejje mocho
ዛር፣ የበዛ shutoo
ዛር፣ ጭጭታ sheekko
ሳንጋ (ዖቹ) shombo
ሳጥን sanduqu
ሳጥን saxino
ቤቴ ቀርከሃ shombeqo
ቤት shasho
ቤት urre
ቤት (ለሰው) maace
ቤት ልጅ bushe
ቤት ልጅ maacha bushe
ቤት ልጅ mace bushe

56

Kafinoonoo-English-ዐማርኛ Dictionary

ሴት በግ bage
ሴት አያት በአባት በኩል nihoinde
ሴት አያት በእናት በኩል indiinde
ሴት እንስት shimero
ሴት ጊደር mimi
ሴት ፈረስ baaraye
ሴት ፍየል iimishe
ስህተት tushshe muuricho
ስላይድ shoko
ስልሳ shichchoo
ስልሳ shiicca
ስልቻ keesho
ስልቻ kuudo
ስልቻ moollexo
ስም shigo
ስም ማጥፋት xuche memo
ስምንት shimiittoo
ሥራ gato
ሥራ shuuno
ስር chemo
ስር xepho
ስርቅታ oshiyo
ስቅለት akkilletoo
ስብ maʔo
ስብሰባ iitoo
ስብሰባ kiichiyo
ስብስብ keecho
ስብ-የሆድ ዕቃ aawiyo
ስንት ammbico
ስንዝር ufo
ስንዴ tepho
ስንጥቅ ውስጥ ሽብልቅ ማስገባት micci shikkano
ስኳር ድንች diqo
ስውር doogo
ስድስተኛ shirittino
ስድስት sheritta
ስድስት shirittooo

ስድብ nagoo
ሥጋ (ሥጋ የሚለውን ተመልከት) meeno
ሲጋ መመተር qappiye
ሲጋ ቆራጭ giishingo
ሶስተኛ keejino
ሦስተኛው ጽዋ chammbo
ሦስት keeja
ሦስት keemoo
ሦስት ሺሕ keejje humo
ሦስት ጉልቻ gemmo
ረሃብ shaacho
ረመጥ፣ ሙቅ አመድ buno
ረባዳ yiimano
ረዥም መንደር geenje gommo hammo
ረዥም ሣር geenje mocho
ረዥም፣ ከፍታ genjo
ረጅም geenjo
ረጋ ያለ dagitato
ረግረግ taappo
ረፍዴል aredete
ሩቅ woho
ሩብ beemi kexo
ሩብ heecoo
ሩዝ ruzo
ራስ በራ shodadoo
ራስ በራ shodedoo
ራስ (የራስ ቅል) qello
ራስ ምታት qellicheddo
ራስ ምታት qelli cado
ራስ፣ ከምር shiddo
ራስን በራስ በመዘርጋት chereho
ራቂ፣ ተለየ yaago
ሬሳ (ትንፋሽ የለም) dubeno
ሬሳ (ትንፋሽ የሌለው) chahone
ርቱዕ shemmete
ርካሽ qaalo
ርጥብ ቦታ taappo

Kafinoonoo-English-አማርኛ Dictionary

ሽለቆ baambo
ሽሚዝ kittoo
ሽማኔ shemaano
ሽረሪት doyyi dabbe
ሽከራማ፣ ተጣብቆ karisho
ሽከላ nuuqqo
ሽከላ ሥሪ qeejece
ሽከም ማራገፍ፣ መጣል shaago kindio
ሽከም ማውረድ kindiyo
ሽውራራ qarelo
ሹሩባ chuungo
ሹካ መንሽ shukko
ሹክሹክታ shaashikko
ሹክሹክታ shashiqo
ሺ humo
ሺ huuma
ሻሽ baawundo
ሻሽ bawundo
ሻሽ chaacho
ሣንጣ sanduqo
ሣንጣ shant'o
ሻጋታ buriibuʔo
ሽብልቅ shokkello
ሽታ beeho
ሽታ chiinno
ሽታ shaaʔo
ሽታ፣ መዓዛ chinno
ሽቆ besho
ሽቆ guro
ሽንት shheyo
ሽንኩርት duqsho
ሽንኩራ አገዳ shonkoro
ሽፋን! uukko
ሾላ chʔaaroo
ቀለም qaxero
ቀስ ብሎ nibbona
ቀስተ ደመና ximbeto
ቀስት guupo
ቀስት maʔo
ቀስት yiito
ቀረሮ qareroo
ቀርከሃ shiinaato
ቀርከሃ shinaatoo
ቀበሮ lobri
ቀበሮ lomri
ቀቦቶ shuurisho
ቀትር፣ ከሰዓት በኋላ qellayoo
ቀን decho
ቀን ማሳለፍ፣ ቀን መዋል decho beshiyo
ቀንድ qaro
ቀንድ አውጣ gengexxo
ቀንድ አውጣ gengexxoo
ቀኛ qenno
ቀዝቃዛ aqehe aqqone
ቀዝቃዛ ውሃ aqqe achcho
ቀዘቅዝ aaqete
ቀይ aakkashe qello
ቀይ gobbo
ቀይ (ለሰው) chicho
ቀይ በርበሬ baro
ቀይ፣ ትንሽ kushi kuund
ቀደም ሲል aafficho
ቀደም ብሎ፣ ከጥቂት ቀናት በፊት maadda
ቀደም ብሎ፣ ከጥቂት ቀናት በፊት shici
ቀጠሮ taajjo
ቀጠነ chiche
ቀጥ ማለት፣ ቀጥ ያለ መሆን kaamo
ቀጥ ማድረግ፣ መዘርጋት kaccoo
ቀጥ ያለ kaamo
ቀጥ ያለ፣ ረባዳ yiibano
ቀጥ ያለ ዳገት tuuge
ቀጥቃጭ qemmo
ቀጭን chicho
ቀጭን chicho tuno

58

Kafinoonoo-English-ዐማርኛ Dictionary

ቀጭን እንጀራ shollo
ቀጭን ጨርቅ paqo
ቀፎ ስቃይ maawo
ቀፎ ሰባሪ (ወፍ) ejjeno
ቁልቋል gacho
ቁልፍ xogo
ቁመት neexo
ቁስል mayo
ቁስል፣ ሕመም maayo
ቁራ chokone
ቁራ xooro
ቁራ፣ አውራ ዶሮ kurece xoro
ቁርስ shafiro
ቁንጬ phillo
ቁጣ iipeyo
ቁጥር haado
ቂል dudo
ቂም niichoo
ቂም xiqeyo
ቂጣ shembexo
ቂጥ biinno
ቂጥኛ qaachcho
ቃል qaaroo
ቃጭል ለከብት፣ ለላም iindifo
ቅል boto
ቅል boto
ቅልቅል baacho
ቅልቅል (ነገሩ) ushsho
ቅልጥም ስባሪ aremoo
ቅመማ ቅመም መጨመር geedite
ቅመም qimamo
ቅማል chucho
ቅርንጪፍ gaaxo
ቅርንጪፍ qaakko
ቅርንፉድ እንደ~ qarisho
ቅርጫት booto
ቅርጫት gubo
ቅርጫት ከርክሃ የተሰራ sharreto
ቅርጫት የመብያ ገበታ geemo
ቅቤ qefo
ቅናት፣ መጥላት acce
michcho
ቅዝቃዜ angesho
ቅዝቃዜ aqqoo
ቅጦት yaayito
ቅደም ተከተል (ደረጃ) daaqelo
ቅዳሜ busha shambato
ቅዳሜ bushaa shambettoo
ቅጠል waamo
ቅስሏል mayo
ቆርጦ መጣል keecho
ቆሻሻ kuudo
ቆሻሻ uudo
ቆሻሻ ለአካል፣ ጨርቅ kiino
ቆሻሻ ቦታ guuda xaa'o
ቆብ uko
ቆንጆ yawro
ቆይ፣ ይጠብቁ! miicco
ቆይታ፣ ጊዜ aabo
ቆይታ፣ ጊዜ goroo
ቆዳ gooqo
ቆዳ goqo
ቆዳ፣ ሌጦ mollexo
ቆዳ መወጠር የእንሰሳን tooto
ቆዳ፣ ደብቅ daaro
ቆዳ ጎፉል gooqe gaaxo
ቆዳን ለማለስለስ፣ መላጨት ch?ago
ቆጠራ haado
ቆጮ eetino
ቆጮ kocho
ቆጮ qocho
ቋንቋ noono
ቋንጣ qongo
ቋጠር qulloo
በ giidoona
በ hammon daabiyo

Kafinoonoo-English-ዐማርኛ Dictionary

በ na
በ wan
በ ... መጀመሪያ tiimmoce
በሕይወት ያለ yaagite
በጓላ ላይ chire busho
በጓላ፣ ከጓላ guuba
በጓላ፣ ከጓላ guubena
በለጠ beesho
በላሁ maaho
በላይ daambe
በላይ guudi shaago
በላይ imo
በሌሊት xuumona
በሌሊት yaaʔona
በመሃል ላይ dengic chapho
በመላው qamino
በመሬት ውስጥ ውስጡን አዘጋጁ hoogo
በመርሬል ያስረዋል woshiqe
shuyo
በመዳፍ መለካት chiixo
በመጀመሪያ bati bati
በመጨረሻ ceeroca
በማለዳ ተነሳ maadi timmo
በማጣሪያ ማጣራት gaariyo
በማፋጨት አሳት ማውጣት
qoppi attio
በማፋጨት አሳት ማውጣት
yophphe
በሰፌድ ማንጋለል maye xebo
በስስት፣ በንፉግነት መስጠት
sheemo
በረት maggo
በረከት diiro
በረዶ bedero
በረጅም geenjona
በሬ gato
በሬ maaʔoo
በር kelleto
በር maaci kelleto

በር (መንገድ) gaddafo
በርቶቾ መንጋዝ፣ ርቄ መንጋዝ
xaccafo
በርጩማ gabbero
በሽምጋዩ ፊት በማስታረቅ ሂደቱ
ላይ ከርሱ taggo
በሽተኛ gijjiye
በቀኛ በኩል qenne kisho wan
በቀጥታ kaamoo
በቅሎ baarye
በቅሎ bichero
በቅሎ mago
በቅርቡ katinona
በቆሎ baaro
በቆሎ yango
በቆሎ ለመፍጨት yikke xaaqo
በተቅማጥ መያዝ፣ ማስቀመጥ
maache yeexo
በተደጋጋሚ katikate imo
በታላቅ ድምፅ chooko
በታች፣ በታች daambe
በቴፕ መቅዳት agarrashe
በትር guumbo
በንፍነት መለገስ፣ መንቆጥቆጥ
woonoo
በአንዴ ሰው ላይ መማል cayo
በአውራ ጣትና በጣት መቁጠር
shaahi maacho
በኢጢቃላይ መኮፍር ይቁሙ ወይም
ይቁሙ iiyo
በዓል baroo
በእርግማን ወግቷል cacho
በእንቅልፍ መውደቅ qeyite
በኢያዳንዱ ጎን buusho
በእጅ መዳፍ mado
በእጅ መጥራት kafo
በአግር መንጋዝ shaddeo
በኩር ልጅ qabbo
በከንድ መለካት hiiro

60

Kafinoonoo-English-አማርኛ Dictionary

በወተት ጥርስ መቄረጥ shachone
በወተት ጥርሶች ቆርጠዋል yoorishono
በወንፊት መንፋት maye yajjero
በውሃ መሟሟት muucciyo
በውሃ መሟሟት muujjiyo
በውሃ መቀቀል kijite
በውቅያኖስ በኩል bahero wanena
በዙሪያው guudo
በዝግታ እና በጥንቃቄ ሂዱ niibe hamo
በየዕለቱ aboceaboc
በደንብ ያልለፉ ቆዳ kacciane gooqo
በድስት ውስጥ የተቀቀለ quuchcho
በድጋሚ wooccino
በድግስ መደጋገፍ dafo
በጀርባ ማዘል፣ መሸከም ba?o
በጊዜ ikkikkekallo
በጋ qaawoo
በጋራ goge gijjo
በግ bago
በጣም ooge
በጣም መቀቀል guppite
በጣም ውድ aaxo
በጥራጥሬዎች ውስጥ gufo
በጨለማ ውስጥ mandarooch
በፊት af
በፍጥነት kaate
በፍጥነት katikate hammo
በፍጥነት መሥራት፣ መከወን shiitiyo
በፍጥነት ይበርራል biiliwo
ቡሆ ማቡካት keccio
ቡላ ettino
ቡሸ፣ ቁጥቋጦ kucco
ቡሸ፣ ቁጥቋጦ tusho
ቡችላ hiililo
ቡና buno
ቡና ሲበስል ቀይ ቡና gangite
ቡና ቤት yammoo
ቡናማ buneno
ቡና-ዓይነት ቀለም buneno
ቡድን፣ ጥንድ kashshe gato
ቢላዋ shikko
ቢምቢ shuune
ቢምቢ shuuno
ቢራ doocho
ቢራቢሮ worbaabbo
ቢራቢሮ woriwabbo
ቢጫ keellesho
ቢጫ kelleshe
ቢጫ miccio
ባህላዊ ልብሶች dubbo
ባሕር buricho
ባለስልጣን worafe (rasho)
ባለት መሆን worasho
ባለትነት worasho
ባለአዳና አበዳሪን ማቀራኘት yeshsheto
ባላ፣ ቅርንጫፍ baallo
ባል (ወንድ) keno
ባልዲ baldo
ባምቡሌ gaataaxo
ባሪያ (ወንድ) gunoo
ባቄላ oogoge ?aato
ባት cubo
ባት cuubo
ባት chuuboi
ባዕድ shiqqoo
ባዶ hullo
ባዶ shooko
ባዶ መሬት bukko
ባዶ ማድረግ chootiyo
ባዶ፣ ኦና ማድረግ shookayo

Kafinoonoo-English-አማርኛ Dictionary

ቤተ ክርስቲያን bare kexo
ቤተሰብ keeci asho
ቤት kexo
ቤት qexooc wotto
ቤት ውስጥ kexowoc
ቤት ፊት ለፊት፣ በራፍ boritto
ብሌን ate acco
ብልህ፣ ተንኮለኛ kuphpho
ብልጥ accecho
ብልጽግና gaaneco tuno
ብሳና waagoo
ብስ፣ የተበሳ kotto
ብሰና garrisho
ብረት xuuro
ብሩህ biiro
ብሩሽ kaawo
ብር birewo
ብርሃን aafio
ብርሃን beeko
ብርሃን biriyo
ብርሃን cheeco
ብርብራ bibberoo
ብርድ ልብስ detèi
ብርድ ልብስ dutei
ብርድ ልብስ (ባህላዊ) sheemo
ብቅ አለ chiicete
ብቅል ማብቀል cido
ብብት shoophpho
ብቻውን መብላትና መጠጣት ይችላል woono
ብናኞች chaaco
ብዙ beedo
ብዙ beshabesho
ብዙ woddoo
ብዙ woode
ብድር ereto
ባህ xoroo
ቦርሳ፣ ስልቻ geesho
ባታ kottiyo

ባታ xa?o
ባታውን መቀየር ta?e sheddo
ቢ.ንቢ. dego
ተለዋዋጭ qoddiyo
ተለዋዋጭ፣ መሆን qode beto
ተላይ፣ ሂድ bari bario
ተልባ muutto
ተመለሰ woto
ተመለሰ፣ ተመለሰ wocco
ተመልከት begi beganomo tuno
ተመልካች chinneco
ተመልካች yayo
ተሰቅጨል buchetone
ተሰነጠቀ chaphico
ተስቦ maashiyo
ተስቦ woogago
ተስፋ ማድረግ gibeno
ተረከዝ soqqo
ተረጠዛል qappeto neene
ተረግጣለች qappetihe
ተራራ guudo
ተርብ yingi maxo
ተቀላቀል daaniyo
ተቀበል de?o
ተቀዳዶ አለቀ chiimo
ተቅማጥ maacho
ተነሱ waaxo
ተነሰ tiimo
ተነቅሲል chammona waaceto
ተነቅሲል chammona waaxeto
ተነቅሲል chammona waaxo
ተንሾታች፣ ወደ shoritto
ተንሾታች ጠመዝማዛ dugguula
ተንቀጠቀጠ tatebe diho
ተኛ ga?ete

Kafinoonoo-English-ዐማርኛ Dictionary

ተኛ ga?o
ተኛ geephillite
ተኛ tokketete
ተኛ yiitite
ተከላካይ tootto
ተከሰተ beekete
ተከፈለ gaho
ተከፋይ qoco
ተከፋፍሏል gaaho
ተኩላ okeroo
ተከል becciye
ተከል yerro
ተከል beeco
ተዋጉ tottiyo
ተዘራ፣ ተተከለ shookketne
ተዘርግቷል yaago
ተዘጋጅ miicco
ተይዟል biqeytoca yeshsho
ተደስቷል gachcho
ተደስቷል gacho
ተገደበ dekkete
ተጓዙ xo?o
ተጠናቀቀ ciiratone
ተጠናቅዷል ciichetone
ተረወሰ wodite
ተፋ chudo
ቱሊት፣ የድንጋይ ሐከምና gorechoo
ቱበ (ዋሽንት) shumburo
ቱበዉ፣ ዋሻ፣ ቦይ bobbo
ታህሳስ maagada yaadi
ታላቅ oogo
ታላቅ (ለአድሜ) oogo
ታማኝነት shunne mayo/e
ታሪክን ይንሩ tocciye
ታርሲል gochetone
ታች deshen
ታች deshi wan
ታች duuggula
ታች hammo
ታች kiindo
ታች፣ ታች werefa kindo
ታች፣ ታች xeephpho
ታናሽ ወንድም gucce mano
ታንካ jalbo
ታንካ madfo
ታዘቢ hoxxeco
ታጣፊ uqqo
ትላንትና yiic
ትል hiipero
ትል na wutto
ትል (ሁሉም ,?) hipperoo
ትል (ጌሻ እና ጨና) hipparoo
ትልቅ gacho
ትልቅ ooget geepo
ትልቅ oogeto
ትልቅ phijjo
ትልቅ qooxo
ትልቅ shefo
ትልቅ wuro
ትልቅ መሆን oogo
ትልቅ ቢላዋ፣ ሜንጫ decho
ትልቅ የሆነ sheekiro
ትርጉም metlèb፣ metbèl
ትርፍ (ለንግድ) shimo
ትቶ መሄድ qayo
ትንሽ chundi baaxxo
ትንሽ gishecho
ትንሽ gisheeco
ትንሽ qamini geepo
ትንሽ senxo
ትንሽ yaacho
ትንሽ መለኪያ qunno
ትንሽ ቀይ chono
ትንሽ ቆዳ፣ ኮረጆ koojo
ትንቢት gubbich
ትንቢት kaayo
ትንባሆ boto

63

Kafinoonoo-English-ዐማርኛ Dictionary

ትንባሆን መውቀጥ ʔuddiyo
ትንታግ hero
ትንኝ goopiye shunne
ትእዛዝ wocoo
ትከሻ gogo
ትኩሳት gaamo
ትኩስ፣ ሙቅ qecho
ትክከል፣ ትክክል tato
ትዳር መውጫ ለባለትዳሮች woojo
ትግል qicco
ችቦ beqòra
ችቦ ebeqora
ችቦ (አንድ) chonjo
ችግር iritoo
ነሐሴ chechi
ነቀላ waaxo
ነቀርሳ shikkiyo
ነበልባል nallo
ነበልባል qaqe nello
ነብር maahoo
ነት natto
ነጋ yaac
ነጋ yaaci
ነጋር sheeno
ነገሮች qiicho
ነገሮችን ማጋጋዝ shaʔiyo
ነገሮችን ያጋጉዙ damidewo
ነጋዴ gixeco
ነንድጓድ xeeyo
ነንድጓድ xeeyo xeejite
ነጭ buukko
ነጭ necho
ነጭ ሽንኩርት nache duqesho
ነጭ አንስት bakoo
ነጻ kuuro
ነፃ ተወለደ daabito
ነፋስ yuuba
ነፋስ yiiro

ነፋስ yongo
ነፍሳት chucho
ና! hollibe
ና! woob
ናዳ showe borisho
ንቃ tiijo
ንብ maxxo
ንብረት gaano
ንብረት haajo
ንዴት ቁጣ gachaachino
ንጉስ taato
ንጋት harro
ንጹህ xalo
ንቱሕ የታጠበ maccet buno
ንፉግ woono
ንፍጥ shiikko
ኖራ booro
አሁን and
አሀያ kuro
አሀያ kuuro
አለመታዘዝ hajjiye qayyo
አለመድረስ shagaano
አለማወቅ tusho
አለቃ woraferashitino
አለቃ worafo
አለብላቢት shakki
shimbirikkoo
ዐለት sharo
አልጨረስከምን
ciirataachoteʔ
አልፋል beshati
አሞት oono
አመድ tuullo
አመድማ buggo
አማልክት allaamo
አማት tecce
አማቶች nache naʔo
አማች aabo
አማች amate

Kafinoonoo-English-አማርኛ Dictionary

አማች busho keno
አማቾች amtena abona
አማኬላ guccino
አምስተኛ aaccino
አምስት ucca
አምስት ፟uuččoo
አሳግ gudino
አሳሪ chucceco
አሳይ beekiyo
አሳድግ waallo
አስለቀቀ wuci kucho
አስም sheefe
አስም sheefo
አሥረኛ ashirino
አሥራ ሁለት aaraa guttoo
አሥራ ሰባተኛ araashbaatino
አሥራ ሰባት aaraa
shabaattoo
አሥራ ስምንት aaraa
shimittoo
አሥራ ስድስተኛ aara
shiriittino
አሥራ ስድስት aara shiriitto
አሥራ ስድስት aaraa
shirittoo
አሥራ ሦስት aaraa keemo
አሥራ አምስት aaraa
፟uuchchoo
አሥራ አምስት araa uuco
አሥራ አራት aaraa awuddò
አሥራ አንድ aaraa ikko
አሥራ አንድ aaraa ፟ikko
አሥራ አንድ araa ikko
አሥራ ዘጠኝ aaraa yiixiyoo
አሥር aashiroo
አሥር ashira
አስቀምጥ kaashiyo
አስበው፣ አሰላስለው aariqyeo
አስተርዮ ማርያም atteroo

አስታውስ gaabire፟o
አስኳል kekino
አስኳል kekkino
አስዘሪ፣ አስተከለ
shookkiitone
አስገባ shere qochoc
አስፈላጊ qaawoo
አስፈላጊ መሆን qaawite
አስፈላጊ ሰው inde asho
አስፈልጓል baddiitone
አረም shocho
አረንጓዴ moochero
አረንጓዴ ቀለም mocaro
አረፉ chaageo
አሪቲ goddo
አራሽ gooceco
አራት aawuuddoo
አራት awuddo
አራት ቪህ awudde humo
አራግ koyito
ዐርግ aabboo
አርብ miccide፟o
አርብ miccre፟o
አርጩሜ qacco
አርጊት geene
አርጌ kasho
አርጌው ሰው shoowe geene
አሽናፊ፣ መሆን alliyo
አሽዋ qachoo
አሽዋ መሆን qacoo
አቀበት sharrebo
አቅለ ቢስ መሆን bi shalligo
shacheto
አቅም hakkoo
አቅራቢያ katinona
አቅጣጫ kaattoo
አቅጣጫውን አሳይ beekiyo
አበባ shiitoo
አባባል፣ ሁነት iibee

Kafinoonoo-English-*ዐማርኛ* Dictionary

አባት niho
አቤቱታ taage yaaʔo
አቤቱታ ስሞታ ማሰማት waayo
አብራኽ koyo
አብሽ giraaro
አዉራ qutto
አዉራ quttoo
አተር geshi ato
አታላይ dachecho
አታላይ፣ *መስረቅ* gaayo
አትቀበል cheeno
አነር hallaaroo
አናሳ፣ ጥቂት shiingixo
አንባሳ akkasho
አንበሳ daahero
አንበሳ (ጌሻ እና ጨና)
daaharoo
አንበጣ yeeco
አንባር shaagaamo
አንተ hiino
አንተ ne
አንተ ne
አንካሴ guxo
አንካሴ guxoo
አንዴ *መጉረስ*፣ *መቅመስ*
shachchco
አንድ ikko
አንድ ʔikkoo
አንድ ላይ na tokki
አንድ እንግዳ ማስተዳደር
yaakirite
አንድ ጊዜ ikke kallo
አንድ ጊዜ ikkekallona
አንድ ጨርቅ ጨርቅ tahe
koyoo
አንጀት maache meno
አንጀት macheco
አንጎት qeefo
አንጓፋ ልጅ qaabbacho busho
አንፃ ohugo
አንግፊ፣ ዞርጊ yaggoo
አንጥረኛ aacha ukko
አንጥረኛ qeemo
አአምሮ eengoo
አከናውን qaaree kico
አከናውን tunniyo
አከናውን yiibateyoc giiriko
አካል ashitino
አከባቢው guude gawo
አከባቢው kitaamito
አዋራ utto
አዋቂ ሰው taace asho
ዐውሎ ነፋስ yuboo
አውራ ዶሮ baakke urro
አውራ ጣት indecco
አውርድ duugula gabiko
አውድማ buddine hugo
አውጪ huphphico
አም eʔe
አዘነ ʔayno
አዘመራ shooho
አዘማሪ shaato
አዝራር hiicho
አዝራር teendo
አዝናኝ ayno
አዞ acci ayo
አያዞ sheendite
አዩ ሰው ashoco
አይብ mooko
አይብ ቅቤ ያለበት qooho
አይና አር muuʔo
አይናር muʔo
ዐይን afo
ዐይን አፋር yellecco
አይደለም qungo
አይደለም toon
አይደለም toonone
አይገኝም aallo

Kafinoonoo-English-ዐማርኛ Dictionary

አይጠ መጎጥ chono
አይጥ choono
አይጥ iicho
አደንዻሬ gobo
አዲስ andiro
አዲስ qaroo
አዲስ ነገር andire moyo
አዲስ የበቀለ ሣር maxiraro
አዲስ የተጋቡ mocciniho
አዳምጥ ello
አዳኝ aaddo
አድሮ አድሮ qeyi qeyi
አድፍጦ ማጥቃት hayyi
beedufo
አጄ gombero
አገልጋይ፣ ባሪያ gunee
አገር showo
አገደ tungo
አገዳ buttino
አገዳ ganna
አገዳን ganda
አገጭ gaxo
አጋሰስ mecho
አጋዘን dóollo
አጋዘን doolo
አግድ bayo
አግድ bayyo
አግድም deengic
አጎት፣ በአባት በኩል indeiyoo
አጎት በእናት በኩል indemane
አጎት የአባት ወንድም niyeeshoo
አኔት ch?illoo
አጥር doogo
አጥር uuxaro
አጥርኝ መጠገን kochcho
አጥንት shaawisho
አጥፋ allo
አጥፋ taakko alliyo
አጥፋ hiido

አጭር qeebite
አጭር henoo
አጭር (ለሰው)፣ ዝቅ ያለ desho
አጭር ሣር ለግጦሽ buuro
አጭር፣ ድንክ deeko
አፈ ታሪክ wooni
አፈሰሰ፣ አማ uuno
አፈር butto
አፍ kookoo
አፍ noono
አፍንጫ gajjo
አፍንጫ muddo
አፍንጫ shikere
አፎት gonenoo
ዓላማ chinni bellite
ዓላማዊ gaabo
ዓሣ asho
ዓይነ ስውር wellete
ዓይነ ስውር wolloo
ዓይነት (ትንሽ) mixo
እሁድ shambato
እናት mane
እናት mene
እመቤት geenne
እመቤት kecci genne
እማዬ daakko
እምብርት yuundo
እሰር chuyo
እሱ aroo
እሳት qaaqoo
እሳት ማቀጣጠል ምድጃ ውስጥ yeeshiyo
እሳቸው areeno
እሳቸው bo
እስስት engeengille
እስስት engengile
እሰር፣ ጀምብ፣ ጭነት shaago
እስትንፋስ kasho
እስከ beedaha

Kafinoonoo-English-ዐማርኛ Dictionary

እሢ aree
እሢ biic
እረኛ qiddo
እረፍት kasho
እሪታ buuno
እርምጃ gidee macc tunno
እርሳስ koppoo
እርስ በርሳችሁ ተረዳዱ daaboc
እርስ በርሳችሁ ተረዳዱ daado
እርስ በርስ ይዋደዳሉ shunnehete
እርስዎ iitoxhi
እርስዎ (አክብሮት) iitti
እርሻ goyyo
እርሻ፣ ማረሻ goyo
እርቃን shokkaco
እርቅ shuno
እርኩም dugoo
እርካብ irkaamo
እርጉዝ xifec
እርጉዝ yeqefec
እርማማን ufo
እርማማን uppo
እርግጠኛ ነኝ giibeno
እርጥብ shaxo
እርጥብ እንጨት gaar mixo
እርጥብ እንጨት moocher shaho
እርጥብ ጨርቅ shuʔane taho
እሮብ akkero
እሾህ ለአህል moocco
እሾህ አተር atere mocco
እሺ indeʔa
እሺ tato
እሿህ angixo
እቃ kuxo
እቃ yesho
እቃን ግዐዝ ነገርን መገልበጥ gaʔi wocco

አባብ dangiro
አባብ diingero
አባብ dingero
ዕብቅ maaxxo
አብጠት daffero
አብጠት moggeccoo
አብጠት nafo
እነሱ boonoshi
እነዚህ hinnoshi
እነዚያ okkebi
እነዚያ okkeboshi
እና ila
እና na
እና wota
እናት inde
እኔ ta
እኔ ነኛ tane
እንስት eepo
እንስት oomo
እንስት uuxo
እንሳ chooxo
እንሷሳ uuchilloo
እንሿላሊት charchako
እንሿላሊት chʔaricakke
እንቅላል gabbeto
እንቁራሪ (ጌሻ እና ጩና ወረዳዎች) geppace
እንቁራሪቶች (በሁሉም) ወረዳዎች geppece
እንቅልፍ qemo
እንቅልፍ qeyye
እንቅልፍ tokketoo
እንቅርት haatto
እንቅፉት xuubo
እንቆቅልሽ tuurito
እንባ achimo
እንትንና እንትን ebi ebi tunehe
እንክርዳድ dadaddo
እንክብካቤ diqqiaine

Kafinoonoo-English-*ዐማርኛ* Dictionary

አንክብካቤ meeqeqo
አንደ ሕፃን bushi
shoocoomon shaaddo
አንደሆን ይታወቃል ariicco
አንደኋላ qaccemmi tobbo
አንደዚሁ iinana
አንዲሁም gutto daaki
አንዲሰበር፣ አንዲሰበር ነው baddeyoo
አንዲጠናቀቅ ciiro
አንዬት abiicci
አንዶድ yingaamo
አንጅራ shoollo
አንጆሪ (ፍሬ) gariafo
አንገር gaaro
አንጉርጉሮ shoosho
አንግዳ iibbo
አንግጫ የሣር ዓይነት miicoo
አንጨት mixo
አንጨት መፍለጥ baddo
አንጨት ይቁሙ፣ ይሰብሩ baaddo
አንፋሎት hiinno
አኛ noo
አከከ qucho
አከከ quco
አከከ quucho
አኩለ ሌሊት xumi qellayo
አኩለ ቀን qellayo
አኩለ ያም፣ ደብረ ዘይት shaashe kayo
አኩል tato
አውቀት ariyo
አውቅና ስጥ geelletete
አውነት iibeereco
አውነት iibeero
ዕዘዝ (ግዛ) hajjowan
አዚሁ hini
አዚሁ inghae yaha
አዚያ አለ aaroc bete
አዚያ የለም aaroc aalo
አዛ ላይ baqqaci
ኢያንዳንዱ አካል bulle asho
ዕድል baroo
ዕድል maallo
ዕድል mallo
ዕድል፣ ዕጣ baaro
ኤድሜ eeno
ኤድሜ ከልል shiijero
ኤድገት shiici
ኤጅ መላስ mucho
ኤጅ፣ ከንድ kisho
ኤጅግ በጣም daano
ኤጆችን መታጠብ kishshi macco
አገዛ! buusho
አግረኛ battona qaxireco
አግር baato
አግር baatoo
አግር xaamo
አግር [አንካሳ] hekkello
አግር ኳስ kuaso
አግዚአብሔር፣ ሰማይ yeeri
አጠፍ wuchcho
ዕግ meeto
ዕግ woddo
ዕግን ixano
አጥረት muchcho
አጭ ማር baʔiiyo
ዕፅ geco
ዕፅ huqicho
ዕፅ mogeco
ዕፅ moggeco
ዕፅ naallexo
ዕፅ pheco
ዕፅ shimbrikko
ዕፅ shobo
ዕፅ yameshe gabo
አፉኝት xekece

Kafinoonoo-English-ዐማርኛ Dictionary

አፉኝት xekeree
አፉኝት (ጌሻና ጮና) xekaree
አፍረት yellete
አፍኝ ufo
ከ ce
ከ -... በስተቀር ihatigi yaano
ከ... ጋራ na
ከ... ጋራ tokka
ከ...ተቃራኒ naahone
ከጎላ guubena
ከላይ daamb
ከላይ daamboye
ከላይ dambena
ከላይ፣ በላይ tommoc
ከስል ciciho
ከስል chichino
ከሌት ጋራ የግብረ ሥጋ ግንኙነት ማድረግ deʒo 3
ከሥር deece
ከሥር መነቀል wacet mici chammo
ከረቤዛ shiitto
ከርከሮ፣ የዱር አሳማ ticco
ከቆዳ የተሠሩ ጥንታዊ ልብሶች horo
ከበሮ kambo
ከባድ chimmesho
ከባድ kuupho
ከባድ meggo
ከባድ yubbubo
ከባድ መተንፈስ goojjo
ከብትን መልቀቅ bisho
ከብቶች mimo
ከብቶችን መጠበቅ minji qiddo
ከተማ katamo
ከተማ ketemo
ከታች deshi
ከትናንት በፊት shaarito ba
ከነገ ወዲያ sharitta
ከነገ ወዲያ sherritta
ከንፈር noonoo
ከአፍንጫ አየደማ nashshiro
ከእንቅልፍ፣ እስከ shurriko
ከእንጨት micci goxo
ከየት ammoce
ከግድያ ከረጅም ጊዜ በኋላ qelli buttino
ከጥንድ በሬዎች ጋራ ange goyo
ከፊት ለፊት af
ከፍ ያለ diicho
ከፍ ያለ፣ የተዘረጋ chixxo
ከፍተኛ ማዕበል wuulisho
ከፍተኛ ጥሪ choki cheego
ኩላሊት shumbero
ኩላሊት yeeyito
ኩላሊት yeyitoo
ኩስ chʒiqqilloo
ኩፉ መሆን፣ መኩራት geecheco tuno
ኩራት gecheco
ኩራት gechoo
ኩሪ uunno
ኩንቢ (የዝሆን) shiino
ኩይሳ ambukke kexo
ኩዳዬ maaddo
ኩፍኝ gaashi
ኪራይ kirayo
ካለ ይከፈላል nummo
ካሬ (መናፈሻ) goyo
ከምር dollo
ከምር uubo
ከምር uubo
ከምር አሉታዊ nitto
ከምችት uubete
ከስ waayiite
ከረምት አግቢ፣ አሾን matto
ከራር ximbo
ከር woshiqo
ከርን hiilo

70

Kafinoonoo-English-አማርኛ Dictionary

ክርክር kaaro
ክርክር taago
ክርክር በፍርድ ቤት taagete
ክርክር በፍርድ ቤት taago
ክብር oogitino
ክንድ hiillo
ክንድ hiiro
ክንድ ሙሉ፣ እቅፍ ሙሉ cheeni hiiro
ክንፍ qoosho
ከፈት! qeccib
ከፉ፣ መጥፎ gondo
ክፍል kuxo
ክፍተት baribaritino
ክፍተት aaho
ክፍት qechoo
ኮምጣጣ kiikkero
ኮምጣጣ kikero
ኮሶ iipero
ኮሶ kooshoo
ኮረጅማ oogio
ኮረብታ፣ ከፍ ያለ ቦታ፣ ደጋ uulloo
ኮርቻ kollaacho
ኮርቻ koro
ኮቴ፣ ዳና wokkee
ኮከብ xojeno
ኮከቦች xojjeno
ኳስ kuwaaso
ወለላ ማር eeci daalo
ወለል godo
ወላጆች xibenaʔo
ወሰን ማቋረጥ ጠረዝ መቁረጥ daani besho
ወሲብ meeceyo
ወስፋት naawutto
ወረራ (በጉንዳኖች) tukkite
ወሬኛ ʔemʔemo
ወር ageno
ወርቅ aacco
ወሸላ buuqo
ወሸላ shookoo
ወተት ejo
ወተት shaago
ወተት ለመጠጣት የሚያገለግል መጠጫ ejji qullo
ወተት መያዣ eeji qondo
ወተት እንዲዘገይ ተደርጓል ejji qicho
ወታደር addero
ወንዝ፣ ችረት aacho
ወንድ anaamo
ወንድ asho
ወንድ (ለሰው) anaamo
ወንድ ልጅ anaami bushoo
ወንድ ልጅ busho
ወንድ አህያ cheexe kuuro
ወንድ አያት በአባት በኩል nihiniho
ወንድ አያት በአናት በኩል indiniho
ወንድም mano
ወንጭፍ xeppeello
ወንፊት yajjero
ወይና ደጋ guddifoo
ወይና ደጋ guudifo
ወይፈን maamo
ወደ aroo wan
ወደ mach wan
ወደ wan
ወደ ኋላ አዘንብለው chiixxo
ወደ ቤት የሚወስደው አጋማሽ መንገድ deenite
ወደ ውስጥ መግባት gimo
ወደ ጎን መግፋት፣ መፋት naba
ወደላይ damba
ወደላይ geepo
ወደላይ qayo
ወደላይ tu chapho ??

Kafinoonoo-English-*ኦማርኛ* Dictionary

ወደላይ፣ መውጣት ማሻቀብ
guuddoc keeyo
ወደቀ choto
ወደፊት siico
ወዴት ammowan
ወገል kechoogoocoo
ወገብ deedo
ወገብ siimeto
ወገብ shimetoo
ወገብ (ጌሻ እና ጩና) shimatoo
ወጋገራ ch?angiyo
ወጣት bareho
ወጣት gucce mano
ወጣት gurmasho
ወጣት ሴት urmace maace
ወጥ itto
ወጥመድ gambeko
ወጥመድ gumo
ወጥመድ shottoo
ወጥመድ፣ ርብራብ gembekkoo
ወፍ kafe
ወፍራም aawwijite
ወፍራም angeco
ወፍራም ሰብ ango
ወፍራም ጨርቅ፣ ቡልኮ bulko
ወፍራም ጨርቅ፣ ጋቢ gaabo
ወፍጮ baburo
ወፍጮ maxxo
ወፍጮ yikke xaqo
ዋስ buusharo
ዋስ maashaaro
ዋስ maashaaroo
ዋስ masharoo
ዋርካ meello
ዋርካ meeloo
ዋሻ shaanho
ዋሽንት shumbiroo
ዋሽንት shumburo
ዋጋ gatiye
ዋጋ፣ ዋጋ gatiyo
ውሃ aacho
ውሃ buricho
ውሃ መጠማት shacewo
ውሃ ቅዳ aci geeco
ውሃ-ወፍጮ acco baburo
ውሰድ damb
ውስጥ giijoo
ውስጥ mach
ውስጥ machena
ውርርድ gajjito
ውርጃ፣ ማስወረድ booreho
ውሽታም kote kexo
ውሽት kooto
ውሻ kunaanoo
ውሻ kunano
ውቃቢ፣ ጠባቂ መልአክ quyecci marakko
ውይይት iihato
ውጊያ kooyo
ውጥን፣ ፕሮግራም koto
ውጫዊ maxo wan
ውጭ maace
ውጭ maaqo
ውጭ yiibateb
ዘለለ chapho
ዘለላማዊ bullabo
ዘልቀሃል beesho
ዘምድ xiibo
ዘረፉ bogo
ዘር shooho
ዘር (ለአህል) yeero
ዘር (የሰው) toomo
ዘር ማፍላት ch?olliyoo
ዘር፣ ሰው tubo
ዘንዶ darebo
ዘንዶ dareboo
ዘንጋዳ daguco
ዘይት zayto

Kafinoonoo-English-አማርኛ Dictionary

ዘጠና yiixena
ዘጠና yixenoo
ዘጠኝ yiixia
ዘጠኝ yiixiyoo
ዘፈን coqi rato
ዘፈን qinoo
ዘፈን duubo
ዘፈንና ጭፈራ dubbo
ዘፈንና ጭፈራ yuubbo
ዙሪያ guudo
ዙር gudo
ዛሬ haanac
ዛሬ hanaaac
ዛጎል ተሬ qaayi qanno
ዛፍ መቁረጥ micci dicco
ዜና honnehite
ዜና worwa
ዝሆን dangio
ዝምተኛ ልጅ maage asho
ዝርያ phixxasho
ዝቅ ያለ ለእንጨት deceto
ዝቅተኛ decen
ዝቅተኛ መሬት worefo
ዝናባማ ወቅት yooyo
ዝናብ amiiyo
ዝናብ amye choto
ዝናብ dihiye
ዝንብ yaamo
ዝንብ ገዳይ yaamma wuxo
ዝንጀሮ፡ የተለያዩ ዝርያዎች goodo
ዝገት osharoo
ዝግባ zigiba
ዝግጅት qeenit
ዞር yaado
ሽዋሽዋዬ shukkuukkillo
የሐረግ ዓይነት bago
የሐረግ ዓይነት bayiro
የሐረግ ዓይነት dupho
የሐረግ ዓይነት eeko
የሐረግ ዓይነት garoo
የሐረግ ዓይነት nache garo
የሐረግ ዓይነት nache qombo
የሐረግ ዓይነት phi'o
የሐረግ ዓይነት qawee qombo
የሐረግ ዓይነት yemo
የሐረግ ዓይነት yimberoo
የሕፃን ምራቅ (ለሃጭ) illachcho
የሆድ ቁርጠት maache biiyo
የለም eecete
የላይኛው (ወንዝ) aachi qeto
የሌሊት ወፍ yofiyofe
የሌሊት ወፍ yofyofe
የልብስ ጨርቅ kudade
የልጅ ልጅ bushebushe
የልጅ ፈንጢጣ chuqino
የልጆች ጨዋታ bushishekayo
የመሬት መንሽራተት፣ ናዳ gichcho
የመቃብር ስፍራ maasho
የመቆፈሪያ ዓይነት koottero
የመንደሩ ዓይነት delàn
የመንደሩ ዓይነት dulan
የመንገድ ጭቃ xeqqo
የመንጋጋ አጥንት gakko
የመድፍ አሩር barudo
የመጆመሪያ ሚስት qaabbacho meche
የመጆመሪያው ብርጭቆ iindo
የመገናኛ መንገድ goomidano
የመጫረቻ ማጭበርበር yaaddo
የሚያቃጥል፣ ጽንፍ gogi beto
የሚያንሸራትት giino
የሚፋጅ micco
የማር ንብ mexo
የማር እንጀራ neeco
የማር ወለላ daalloo
የማሽላ አገዳ butino

Kafinoonoo-English-*ዐማርኛ* Dictionary

የማሽላ አገዳ qumbero
የማን kooco
የሜዳ ፍየል shaago
የምጥ ሕመም maaxoo
የምላ cheecco
የምት እንስሳ ጡት gaato
የሰሌን ምንጣፍ yeebo
የሰሌን ምንጣፍ የተሸላለመ shago
የሰው gondeeco
የሰው ልጅ ቆዳ zinaro
የሰው ልጅ ጮርቅ gaafo
የሰው መንገድ baate illo
የሣር ዓይነት mico
የሣር ዓይነት dooli mocoo
የሣር ዓይነት haggi
የሣር ዓይነት shomekko
የሳር ፍራሽ shace quno
የሴት buuro
የሴት kuupho
የስራ ቀን shuune abo
የስጋ ዕዳ meesho
የሥጋ ደዌ nadayitto
የሥጋ ደዌ በሽታ nadiyitino
የረጋ ባሕር iiwoo
የረጋ፣ የማይንቀሳቀስ obobo
የረግረግ ሣር mochoo
የራስ ፀጉር qeelo
የሽከላ ማሰሮ (ትንሽ) qondo
የሽከላ ስራ nu qeshuuno
የሽከላ ዕቃዎች፣ ቅርጥራጮችን kishet gochcho
የሹክሹክታ ጥሪ haqqe qaro
የቀርከሃ ሣር shiinato
የቀርከሃ ውህ ማጠራቀሚያ dòollo
የቀርከሃ ዛፍ gifo
የቀን ብርሃን ardee beko
የቀንድ ማንኪያ qare qoofeto
የቅርብ ጓደኛ kaatine nuucco

የቍላ ቁስል tuto
የቆየ qaabe mano
የቆጮ ሥር መደቅደቅ tuphee mixo
የበሰለ shaakeya beedeti
የበሰበሰ ፆoqitto
የበረሃ ዶላ quddo
የበራ cheecheto
የበቅሎ ጀምብ ማራገፍ bishsho
የበቅሎ አገዳ diiqqo
የበዓላት ምግብ bare mayo
የበዓል ቀን doci
የበዓል ቀን ፆeqo
የበግ በረት dogo
የበግ፣ የፍየል qephero
የቡላ ዱቄት qocho
የቡና ቅጠል ማፍላት chicho
የቡና ቅጠሎችን መቀቀል bune waaji
የባሕር ዳርቻ acci gaagemo
የባሕር ዳርቻ kunane
የባለቤት እናት amaate
የባል donji qicho
የባል ወንድም-ዋርሳ keneesho
የባል ወንድም-ዋርሳ kenesho
የቤት ሣር ከዳን ooge gooto
የቤት እንስሳ gaare gijjo
የቤት እንስሳ gaare gijjo
የቤት ክዳን ሣር sheeko
የቤት ጀርባ ጓር daaddo
የብረት ጣራ soomo
የተለመደው doyite
የተለየ baarite
የተለየ baro
የተማረ ሰው doyito
የተሳለ፣ የተሞረደ፣ የነቃ shaxxo
የተራራቀ wohhoce
የተሸለመ መሶብ፣ ቅርጫት mashubo

Kafinoonoo-English-ዐማርኛ Dictionary

የተቃጠለ መሬት michito
የቶቀለ እህል፣ ቆሎ bungoo
የቶቀለ ገብስ፣ ቆሎ bungo
የተረፈረፈ beeddito
የተረፈረፈ eeceeto
የተወለደ shiijjete
የተወሰኑ ሣር፣ አፋጣኝ sheekko
የተወጋ koccite
የተወጋ፣ hottiye
የተደበቀ፣ (የውስጥ) qicho
የተጠበሰ እህል፣ ከበባ ይመጣል bungoo
የተጠበሰ! micco
የተጠኃከረ nabo
የተጨማደደ ጨርቅ kushsheto
የተፈራ shatite
የተፈጠሮ ውሃ xebelo
የታሰረ chuceto
የታረሰ መሬት gocce tishoo
የታቀፈች ዶሮ baakkoo
የታቸኛው አግር ጡንቻ chube diibo
የታቸኛው ክፍል deshen
የት aabic
የት gaa
የነደደ atete
የንብ ቀፎ geendo
የአሁን ጊዜ and
የአባት nihomane
የአተር ዳቂት፣ ሾሮ ati budino
የአተር ዳቂት፣ ሾሮ shuro
የአንበሳ ግሳት chiddite
የአንድ ባል ሚስቶች nuute
የአንንት ጀርባ gaajo
የአንንት ጌጥ qeete shasho
የአዕዋፍ ጸጉር wullo
የአውሬ ጸጉር eexo
የአየሩ ብራ መሆን xale yongo
የአየር ሁኔታ ayeree ninno
የዐይኑ አጥንት ይታያል tuucco
የአይን መሸፈኛ qillifo
የአገሩ ታሪኮች shawee
የዓሳ መረብ daabbo
የእነት ልጅ aaciyo
የእነት ልጅ achiyoo
የእነት ባል ወይም የሚስት ወንድም naaco
የእሳት አደጋ qaaqe gasho
የእሳት አራሲ wello
የእሳት አራት wuro wabe
የእሳት አራት wurro abo
የእርሻ መስክ goye shobo
የእናቶች indemane
የእኔ taa
የእንስት ሥር ucci caamo
የእንስት ሥር መውቀጫ የእንጨት ዘነዘና hukko
የእንስት ቡጥ muddriqo
የእንስት ቡጥ mudiiriqo
የእንስት ጭረት yi'o
የእንስት ጭረት yii?o
የእንስትን ቅጠል መጠቀም maate kacho
የእንስሳት መጨንገፍ shengare waaxo
የእንጨት mici uuxero
የእንጨት ሳጥን shaaqo
የእንጨት ኳስ ሩር toopt
የዕድሜ መግፋት geenetino
የአድሜ ግራጥ qaabeco
የእጅ መዳፍ maado
የእጅ አንጻ፣ ፍንጅ qillii miico
የእግር ጉዞ shaado
የእግር ጉዞ chiixe wotto
የዕፅ ዓይነት bagee geeco
የከብቶች iibo
የከብቶች minj illo
የካቲት bojji gixxani
የካፉ ባሕላዊ ልብስ wojo

Kafinoonoo-English-አማርኛ Dictionary

የኮርቻ ፈረስ haresho
የወር አበባ duphpho
የወር አበባ qecho
የወር አበባ ወቅት qecco
የወንዝ ዳርቻ aaci gagemo
የወንድ ጡት xano
የወንድም ልጅ manobusho
የወይን ጠርሙስ xoofo
የወደቀ choto
የወደፊት ጊዜ አመልካች gubbich
የወፍ ጎጆ kafe kexo
የወፍ ጫጩራ kafe chero
የወፍጮ ድንጋይ xaaqqo
የውሃ መጥለቅለቅ መስፋፋት shaco
የውሃ ዳር ዛፍ yino
የውሻ ጨኽት buuho
የውጭ አገር ሰው maci asho
የዝንባባ ዛፍ yeebe mixxo
የዝንባባ ዛፍ yeebo
የዛፉን ቅርንጫፎች መቁረጥ micci qeendo
የዛፍ ቅርፊት gorro
የዛፍ ዓይነት booqo
የዛፍ ዓይነት caatto
የዛፍ ዓይነት caphero
የዛፍ ዓይነት nache caroo
የዛፍ ዓይነት shakkeroo
የዛፍ ዓይነት shawukko
የዛፍ ዓይነት she'oo
የዛፍ ዓይነት sheddo
የዛፍ ዓይነት ufoo
የዛፍ ዓይነት wundifo
የዛፍ ዓይነት yahoo
የዛፍ ዓይነት yeboo
የዛፍ ዓይነት qatoo
የዝሆን ሣር shombeqo
የዳር አህያ gaadi kuuro

የዳር አንሰት eppoo yeseyitan qocho
የዳር አንሰሳ kuubi chooxo
የዳያፍራም አጥንት naabe shawusho
የድንጋይ ማዕድን xaqqoo
የዶሮ chiqqilo
የጀርባው ክፍል goongo
የጅራፍ ጠርዝ chillo
የጆሮ ጌጥ gudico
የጆሮ ጌጥ qexero
የጆሮ ግንድ wajji ducho
የገበጣ ጨዋታ qofo
የገና ጨዋታ opo
የገንዘብ ዕዳ iishsho
የገጠር፣ የዳር አንጨት kuubbo
የጉልበት ኻስ guttini afo
የጋራ መማባባት deegeo
የግድግዳ ... kashiyoo
የጎድን አጥንት naabo
የጠላ ማጣሊያ dochi tigo
የጠላ ወንፊት tiggo
የጠፋ gidide
የጠፋ yuubo
የጡት መለዋወጥ xeno
የጣት ቀለበት axxaa mitto
የጤፍ ክምር gaashe dollo
የጥራጥሬ ንትራ ፤ መደብር gotto
የጠጣ መያዣ፣ ዘጋር yaabo
የጨርቅ ቀዳዳ keexo
የጨርቅ ጠርዝ chaapho
የጫካ ጨዋታ hareshe topheyo
የጨጉላ ቤት kolle kexo
የጸጉር መነቀል waceti qello
የጸጉር ቅቤ qelli qefo
የፈረስ haando
የፈረስ ጆርባ mache gubbo
ያ okkebi

Kafinoonoo-English-*ዐማርኛ* Dictionary

ያለ lo
ያለቀ ciiro
ያለፉ. ጊዜ besheto
ያላወቀ tushsho
ያላገባ shaagano
ያልለፋ ቆዳ gawiciane gooqo
ያልተማገረ tamaraachi
ያልደረሰ ልጅ bushe
ያልጠራ ushsheto
ያልጠበቀ dada aaddo
ያልፈላ guusho
ያረጀ ያለቀ chiiro
ያቋረ qobobo
ያቋረ ውሃ qobbobbo
ያች okkebare
ያነሰ፣ መሆን giishetto
ያዝ yeshsho
ይሄ hinare
ይሄ hinni
ይሆናል በማለት መጠበቅ quuyo
ይሙሉ qare kiccoo
ይማሩ! doyoo
ይምረጡ shaaganio
ይበቃል beedo
ይፉ gaaxo
ደህንነት wodditino
ደመና qufo
ደማቅ af kiico
ደማቅ (ማስታወቂያ) kuphphete
ደም demmo
ደሴት achona gicce showo
ደረስ፣ በሰለ (ለፍሬ ይሆናል) cheello
ደረቀ chimo
ደረቅ ወይን፤ ዘቢብ zebibo
ደረቅ የአንስት ቅጠል qophiro
ደረቅ የአንስት ቅጠል shoohgoo

ደረቅ፣ ድፍን ቡና muumme buno
ደረት geeto
ደረጃ shiito
ደረጃ tatetto
ደቡብ deshshi
ደቡብ qanne bedi
ደብቅ aasho
ደብቅ goqqe kucho
ደብቅ aaco
ደን፣ ጫካ kubbo
ደንቆር uullo
ደንቦ tate shero
ደከመ tahite
ደካማ giireco
ደካማ taaheco
ደካማ waaro
ደወል axamito
ደደብ uufeno
ደጋ angeshitino
ደጋ angesho
ደጋ angesho
ደግ deʔo
ደግነት deʔitino
ደፋር beello
ደፍ፣ የበሩ የላይኛው ክፍል shaago
ዱላ፣ ሽመል shimero
ዱቄት buudino
ዱቄት quddo
ዱባ buqqoo
ዱካ hilloo
ዳቦ daabo
ዳንስ chaapo
ዳኛ neellecco
ዳውላ (20 ኪሎ) dawlo
ዳጉሳ dawuchoo
ድልድይ yaaʔo
ድመት kuularo

Kafinoonoo-English-ዐማርኛ Dictionary

ድምድማት shuuro
ድምጽ qaaro
ድምጽ qaro
ድስት qondo
ድርቅ sheello
ድርብ qaabo
ድሮ wonne gorooba
ድንቄርና duuroo
ድንበር daano
ድንበር daaro
ድንበር dano
ድንበር፣ መሬት aaxite
ድንበር፣ መሬት checcite
ድንች ajjo
ድንች doqqo
ድንዙዝ shirinete
ድንጉት chuqqo
ድንጋይ xaqo
ድግም daaki
ድጋፍ deggiye
ድማ፣ የወገብ ጨርቅ buro
ዶሮ baakkoo
ዶሮ፣ አውራ ዶሮ፣ ወፍ baakke
gutto
ጀርባ gubbo
ጀርባ አጥንት አከርካሪ shuutoo
ጀርባውን ወይም በከንዶቹን ይያዙ ero
ጀበና bune qondo
ጀግና bello
ጃርት chaayi
ጅራት cheero
ጅራት፣ ጭራ yeelo
ጅራፍ qeewo
ጅራፍ yiraafo
ጅብ qaccemmoo
ጅብ qachemo
ጅግራ aako
ጆሮ waamo

ገላባ hulloo
ገላባ kokko
ገመራ ዝንጀሮ sheexe
ገመድ maacho
ገመድ wedero
ገመድ እንዲንቀጠቀጥ ለማድረግ kuxxo
ገሳ woojjoo
ገሶ kotero
ገረገራ sheshine goro
ገቤ (የእንጨት) gafeto
ገቢያ gabiyu
ገቢጣ awriyoo
ገባስ sheqoo
ገባስ sheqqo
ገባስ፣ የተጠበሰ ቆሎ gungo
ገባስማ xaphxapayo
ገተሜ ዛፍ butoo
ገና bet
ገንዘብ gijjo
ገኜ ለስላሳ weshshenoo
ገኜ፣ ምግብ buuxo
ገደል qaaʔo
ገደብ dano
ገድብ toollo
ገጀራ deecho
ገጀራ gajaro
ጉልበት gutteno
ጉልበት (ለእግር) guunbo
ጉልቻ geemo
ጉማሬ gommeʔo
ጉረዛ eelloo
ጉረዛ heelloo
ጉሮሮ haawo
ጉሮሮ (የምግብ) gonenoo
ጉበት qaamo
ጉበ xuccoo
ጉንዳን aakkaashoo
ጉንጭ gaakko

Kafinoonoo-English-ዐማርኛ Dictionary

ጉንጭ haqqo
ጉንፋን፣ ሳል oshiyo
ጉንፋን፣ አንድ (በሽታን) ooshiyo
ጉዞ qaxiro
ጉዞ qaxxiro
ጉዳት mixeco
ጉዳዩን ገልጦታል mocci shacho
ጉዳይ፣ ከስ waayo
ጉድጓድ daaro
ጉድጓድ hooto
ጉድጓድ (ውሃ) aaco opo
ጉድጓድ ለቤት keci aho
ጉድጓድ መቆፈር iijite
ጉጉት xooro
ጉጉት yuye
ጉጥ qeqero
ጊዜ gorro
ጊዜያዊ katine wote yiro
ጊደር maami
ጋራ qarona
ጋሻ gaachoo
ጋሻ gacco
ጋብቻ shaago
ጋብቻ፣ እንደገና መጋበዝ shoopo
ጋብቻን ይጠይቁ bushe qoolo
ጋያ፣ ትንባሆ መማግ mach kasho
ጋደም ማለት gaao
ጌታ qeejeco
ጌጣጌጥ shasho
ግለሰብ asho
ግልገል መስከ bako
ግልገል አንሳ booyo
ግልጥ ሜዳ gaddo
ግልጽ beeko
ግመል gallo
ግማሽ qaato
ግማሽ qato
ግማሽ ቅል shaapho
ግሳት gashshite
ግራ yooco
ግራ ጎን yoce bad
ግራጫ bukkaaco
ግራጫ (እንሳ) geene giijo
ግርዘት dokiro
ግርዛት agarrashe
ግርዛት dokiikiyoo
ግቢ daado
ግቢ guudo
ግቢ mashshero
ግባ! giibe
ግባ! shaag
ግብር koyisho
ግብር ከፋይ kopyishe kocho
ግንባር baro
ግንቦት diyii
ግንደ ቆርቁር keroo
ግንድ xuugo
ግንድ መቁረጥ፣ መፍለጥ xuugo
ግዞት maaxo
ግድብ acci gabbo
ግድግዳ duuho
ግጥም keemoo
ግጭት kaaro
ግጭት yophpho
ግፊት tuʔo
ግፍ machi kuxxo
ግፍ sheendo
ጎልማሳ፣ የበሰለ gurmasho
ጎመን shaanoo
ጎሳ gumbo
ጎረቤት giyo
ጎርፍ ambamboo
ጎርፍ babero
ጎሽ gaaho
ጎን balagero
ጎን eebemon

Kafinoonoo-English-ዐማርኛ Dictionary

ጎን ga?o
ጎን wota
ጎዳ ቀንደ-ቢስ ከብት turo
ጎጆ (ትንሽ) besho
ጓል dugoo
ጓደኛ nuucco
ጓደኛ nuuco
ጓደኝነት nuuccitino
ጠለፋ shoyo
ጠላት shixxeco
ጠላት (ተዋጊ) eetto
ጠላት፣ ሽፍታ booko
ጠመኻ dabi?o
ጠማማ shoqello
ጠማማ woqqa qillo
ጠቆም beekiyo
ጠበቃ abukaato
ጠባሳ banoo
ጠባቂ፣ ሞግዚት quyyeco
ጠባብ መሆን uummo
ጠባብ፣ መንገድ yini yune gommo
ጠብታ በጠብታ kushkusho
ጠንቋይ allaamo
ጠንካራ kuphpho
ጠንካራ መሬት chimmesho
ጠንካራ መሬት giigesho
ጠዋት maada
ጠይም (ለሰው) woshi?o
ጠይቅ eeccete
ጠጅ biito
ጠጅ bito
ጠገራ ብር shillingo
ጠጠር ማሽከርከር geengib
ጠጣ uyyo
ጠጥቷል uyoo
ጠፍቷል allo
ጡት xano
ጢም iishano
ጢንዚዛ injinjo
ጢንዚዛ yaarimbo
ጣልቃ shoqqo
ጣሪያ (የቤት ቤት) kecca afo
ጣሪያ መከደን daachoo
ጣት baate yafero
ጣት yafero
ጣዝማ shaamo
ጣፊያ niibbo
ጣፋጭ nooco
ጣፋጭ nucho
ጣፋጭ shaawo
ጤና iiwwoo
ጤና (የሰውነት) iiwoe acco
ጤዛ፣ እርጥብ keeto
ጤፍ gashsho
ጤፍ ማጨጅ qeecho
ጥላ yiiro
ጥላ yiiro
ጥላቻ yarrimo
ጥል kaaro
ጥልቀት mutto
ጥልቀት የሌለው፣ ሆድ የሌለው machalo
ጥልቀት ያለው [በሰፈው] gaminona
ጥልቅ ጉድጓድ mutto
ጥሩ gaweto
ጥሩ፣ መሆን gawwete
ጥሩ ጣዕም shaawiye
ጥሪ cheego
ጥሪ (ለውሻ) cheego
ጥራጥሬ maayafo
ጥሬ gaaroo
ጥሬ ስጋ gaara meeno
ጥር dongellebi
ጥርስ gasho
ጥርስ መፋቅ gashe hindo

Kafinoonoo-English-ዐማርኛ Dictionary

ጥርስ መፋቅ gashshe
yophpho
ጥርሶች gashenaʔo
ጥርሶችን አጥፋ shuriti gasho
ጥርኝ wongo
ጥርጣሬ puuqo
ጥሻ kuchoo
ጥቀር manderoo
ጥቀር ʔaʔo
ጥቀር ትልቅ gomme akkasho
ጥቀር፤ ትንሽ aabi qachcho
ጥቀር አለት shisho
ጥቂት giisheco
ጥቂት nimeno
ጥቂት nimeno
ጥቅምት kellawudi
ጥብቅ፤ ጥብቅ manjiyo
ጥንቆላ፤ ትንቢያ keemo
ጥንብ አንሣ aako
ጥንቸል goroollisne
ጥንካሬ manjo
ጥንድ kashsho
ጥንድ qaro
ጥጃ maamo
ጥጃዎች goomo
ጥጃዎች qeeko
ጥገና kocho
ጥገኛ ተክል xigaago
ጥገኛ ተክል xigaago
ጥጋብ miyo
ጥግ duʔo
ጥግ gaasho
ጥግ gaato
ጥጥ huutto
ጥፍር gommo
ጥፍር siikano
ጠም ያደረ መሬት qaatesho
ጠር awuro
ጠር giino

ጠር፤ ዱላ ውርወራ ቀለበት ውስጥ
ለማስገባት gengo
ጠርነት koyo
ጠጣ shaako
ጠጣ shakke
ጨለማ menderitino
ጨሌ boxo
ጨሌ ዛር አዲስ choollo
ጨሌ፤ ዶቃ giijo
ጨረቃ agene
ጨርሰናል ciirahon
ጨርሰዋል chiicciye
ጨርስ ciiiiiro
ጨርስ chiico
ጨርቅ (ለሴቶች) wondafo
ጨርቅ ለምግብ maddo
ጨርቅ አውጣ shooto
ጨካኝ machche kuxo
ጨዋታ duubo
ጨዋታ kaayo
ጨዋታ በመገመት turito
ጨው kiho
ጨው kiiho
ጨቤ፤ ቢላዋ sheefo
ጨቤ፤ ቢላዋ shiiko
ጬኽት gashoo
ጬኽት choko
ጬኽት (ልጆች) hukkecco
ጬኽት (ልጆች) worrihe
ጫማ chammo
ጪጪታ qaro
ጬፍ took
ጭስ chufo
ጭራ chere eexo
ጭራ (የእንስሳት) chochi chero
ጭቃ dengo
ጭቃ dufo
ጭብጥ ufo

Kafinoonoo-English-ዐማርኛ Dictionary

ጭብጥ ሳር መውሰድ ikke ufi mocho
ጭነት shaago
ጭነት ይጫኑ shaago
ጭን doosho
ጭን gaando
ጭኖ shaagite
ጭውውቶች (ውይይቶች፣ ማጋራት፣ ዘና ለማለት ውይይት ያካትታል) kaayo
ጭጋር bushshindo
ጭጋግ chaageo
ሯኪ choko
ሯኪ ቡና choko bunno
ፀሓይ aabo
ፀሓይ መከለያ ጨርቅ meechchilato
ፀደይ marehoo
ጻደይ unee acho
ጻጋር ማስተካከል taaciye
ጻጥ ማለት ጻጥ ያለ መሆን maago
ጻጥ አለ xiisho
ጻጥ ያለ shashe wite
ጽዋ injillato
ጽዋ kubayo
ጽዋ ለመጠጥ ቡቃያ xoofo
ፈልግ (ሂድ እና አምጣቸው) deewo
ፈልግ (ፈልግ) qawo
ፈሰሰ chotiyo
ፈሳሽ aacco
ፈረስ እሽቅድድም harashe tophiyo
ፈሪ shato
ፈርስ xabeʔo
ፈቃድ፣ የመጨረሻ chayo
ፈታ! muchcheto
ፈንጣጣ shuuko
ፈውሱ wodo

ፈዛዛ ቀለም gaayo
ፈገግ ማለት biritino
ፈጠረ aallo
ፈጠነ shittete
ፈጣን shiito
ፈጣን፣ ሾም chomite
ፉት ማለት shuutto
ፉጨት shenno
ፉጨት sheno
ፊልተር ጠላ hichcho
ፊት aaf
ፊት baro
ፊት batibati
ፊት shiici
ፊት ለፊት ይሁ hotecco
ፊት ለፊት ይሁ hoxehe
ፊት፣ ደፍ melleto
ፊት፣ ፊት baro
ፊንጢጣ chuqqino
ፊንጢጣ iilaaʔo
ፊኛ heennoo
ፊኛ heeno
ፊንግ abexo
ፊንግ (ጌሻ እና ጨና ብቻ) abaxo
ፊዘ choqqiro
ፍላጎት qawwiyo
ፍል ውሃ iino
ፍስት cheeni ufo
ፍራቻ shato
ፍሬ aafo
ፍሬ biʔiyo
ፍርድ nallo
ፍቃድ maashino
ፍቅር shunniye
ፍትህ naallo
ፍቺ biishiyo
ፍንጯት eechchetoo
ፍንጯት heeccatoo

82

Kafinoonoo-English-*ዐማርኛ* Dictionary

ፍየል iimisho
ፍጠን xogo
ፍጫ xermuse tishsho
ጳጳቴ acci haano
ጳጳቴ haanaatoo
ፒጃማ ለሴት selulàr
ፒጃማ ለሴት silular
ፕላስቲክ koojo

www.ingramcontent.com/pod-product-compliance
Lightning Source LLC
Chambersburg PA
CBHW070423010526
44118CB00014B/1884